# 心宅療癒觀元辰

## 絲雨老師教你微調心宅，讓幸運由心生，以自身力量翻轉人生困境

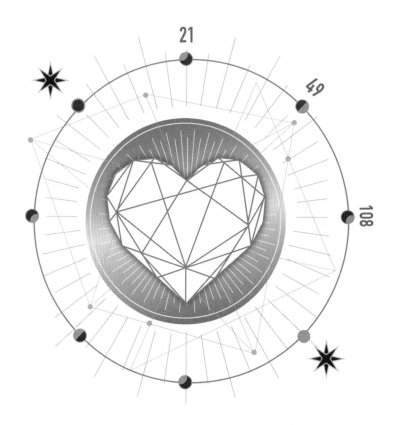

心宅總舵主
**絲雨老師**

# 目次

# 前言　用心愛自己，
# 觀元辰宮掌握自己的命運

　　每一天，我們的腦袋都在運轉！

　　有時候，我們會困惑：生命有什麼意義？日復一日的辛勤付出，最終一定能帶來滿意的答案嗎？

　　更多時候，我們必須專注眼前的問題，不論是事業、家庭、健康、財富或人際關係，似乎總或多或少會有這樣或那樣的狀況，總是得問：這件事該如何處理？那件事又該怎麼化解？往往一波未平一波又起，反正老天總會讓人不得閒。

　　甚至就算當一個人處在放空或者睡著的狀態，他的腦袋也不是真正的閒著，可能會做白日夢，而即便是夢，有時也讓人覺得迷惘無助。

　　綜觀來說，人活著就是一個 Question Mark，我們自身是一個大大的問號，並且還持續被千千萬萬個問號纏身。歸納起來，可以簡化為六個問句，也就是所謂的 5W1H：

- Who：我是誰？
- What：我碰到什麼狀況？
- Why：我為什麼會碰到這樣的狀況？
- Where：我該何去何從？
- When：我何時可以脫困？
- How：最終，依然要問，我該如何做？

　　從前，我也跟大家一樣，每天總得面對種種的問題，即便到了今天，我不但仍繼續面對，身為老師的我，更要面對所有學員朋友的問題。

　　當然，只要有適當的媒介，那麼最終所有的問題，就有解答的路徑，透過媒介，你我要做的就只是「詮釋」而已。

　　觀元辰宮就是一個這樣適當的媒介，只要經過訓練，人人都可以做到基本的詮釋，既能為自己找到人生的方向，行有餘力，也能夠協助身邊周遭的朋友做某種程度的解惑。

## 觀元辰宮的基本概念

　　那麼，元辰宮是什麼？是何種媒介？又媒介了什麼？

　　這麼比喻吧！從前的人碰到疑難雜症，怎麼辦呢？若真的很渴望求解，那他就只能背著包袱，上山下海去找高人指點迷津，但現代人碰到問題又該怎麼處理呢？網路搜尋就是最快速有效的方式，拿起手機簡單按幾個鍵就能讓你上知天文下知地理。

但是網路並非萬能，關於「自己」的事，Google 大神就無法幫你解惑。因此我們可以這樣說：觀元辰宮，就好比是一個「自我心靈版」的搜尋引擎，這個搜尋引擎不僅無遠弗屆，事實上，還超越一般人認知的三維時空。而這個平台裡住著超我神性，祂能幫助你看清自己，並且搭配不同的元辰宮景點，綜合你生活中不同面向的問題，做分析解答及處理。

　　說明到此，我想難免還是有朋友依然感到困惑。那麼，我就用兩個簡單的圖來表達吧！

　　如圖所示，很多人對自己的「處境」感到困惑，但究其實，每個人都處在這樣的「時空」裡：

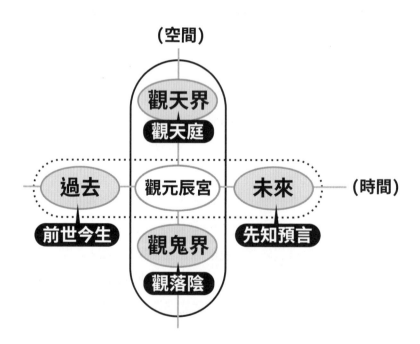

這是一個超越四維角度思考的時空，也就是我們每個人以「自身」為中心，我們不只是處在長寬高概念的三維立體空間，我們還處在包含「時間」以及超越「人界」的不同「境界空間」。

　　前面提到過關於人們自身 5W1H 的問題，只要問對問題，在這張圖上一定都能找得到相應的座標和解答。例如有人困惑生命的意義，那是因為沒找到自己在時空中的「位置」；有人煩惱著不知該如何處理困難，代表正面對「未來」的茫然。

　　當碰到問題，人們總想要去找解答，除卻理論式的說明，我們若可以親身「看到」，便能破解疑惑。

　　以前圖為基礎，我們把「看到」這概念融入，就成為下圖。

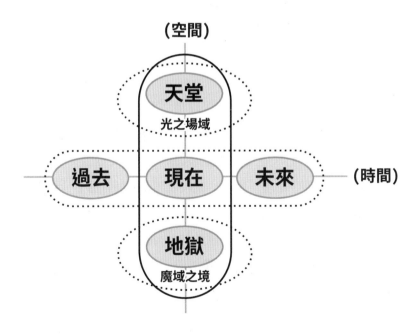

藉由此圖，相信每個人都能更清楚了解，觀元辰宮是怎樣的概念。就好比當我們想追尋知識，可能會上網查詢；對未來好奇會怎樣？可能會去求神問卜、觀水晶球，或者問塔羅牌；至於想要了解累世姻緣，可能會去探尋「前世今生」；有人思念過世的親人，可能會想透過「觀落陰」尋求再相見等。

基本上，觀元辰宮就是類似這樣的概念，只不過，「觀元辰宮」可以媒介的範圍還要更廣，如同上圖顯示，「觀元辰宮」是處於時空的「核心」位置，所以不論是時間概念上的「過去」、「未來」，或者超空間概念的「天界」或「鬼界」，都會和這個核心連結。

也因此，當我們想要尋求各種人生的解答時，可以說：「觀元辰宮」，是「關聯中的關聯」也就是「解答中的解答」。

## 觀元辰宮的基本態度

當然，透過這樣的圖，雖然可以讓讀者大略了解元辰宮所代表的關於自身，以及我們和時空、超空間的關聯性，但若進一步探詢，讀者內心一定會充滿更多疑問，諸如：怎麼「觀」？會「觀」到什麼？這些「觀到」就代表問題的解答嗎？「觀到」後又該如何詮釋呢？總地來說，人們想問的就是：用觀元辰宮就能解決人生裡的種種困惑，並且提出因應的「正確做法」嗎？

其實單以架構，就可以很簡單的說明元辰宮是什麼：每個人的元辰宮是由大廳、廚房、主臥房、書房和花園，這五個基本

「景點」構成。

　然而，要說簡單，牛頓定律也很簡單、質能互換也很簡單啊！不過就是公式而已。但實際理論，即便有人念到博士，也依然無法驕傲的說自己能真正理解，因為其中有無窮無盡的深奧學問在裡面。

　同樣的，觀元辰宮也是如此，畢竟，這不僅關乎一個人的生命靈魂，還跨越了時空，最終是與整個宇宙相連，這樣的事，怎可能三言兩語就道盡？

　我因緣際會的經歷到一些不平凡的遭遇，在九死一生之際和元辰宮有了較高度的連接。但這樣的我，從過往以來，本就歷練了許多科學層面以及性靈層面等紮實訓練，包含本身有電腦及企管經營等領域的研究所背景，多年來也很用心的在東西方命理中拜師學藝，舉凡紫微斗數、塔羅、生命靈數，乃至 NLP 語言等不同領域，都透過進修打下深厚的學習根基，也取得各類相關的國際證照。

　即便如此，連我都依然覺得觀元辰宮是窮盡一生也追尋不盡的生命之學，讀者若想只透過幾次的學習，怎麼可能就「學會」觀元辰宮呢？

　不過，說到底，任何學問都是一樣的，若要專精，可能就算研習到白頭，也不一定能企及最高境界；但若想達到「基礎」應用，這點倒是人人都可以做到，主要還是看一個人有沒有「心」。

說起來，「心」真的是很抽象的概念。在古早時代，人們可能真以為有個掌管人們性靈的器官，就叫做心。但在科學昌明的現代，我們已經知道，這個古人所謂的性靈器官：心臟，其實只是身體血液循環的幫浦，是生命不可或缺的最重要器官，但這器官和「思維」沒有關係，真正思維器官應該是「腦」，但是否大腦就能代表「心靈」？到今天，人們對大腦的功能，仍有許多的不明白。

　　無論如何，人們還是習慣性的用「心」來代表抽象層面，例如愛情、意志、思緒等的「平台」。而我們的元辰宮，也是一個「心」的平台。所謂的「靈魂的居所」，是我們的「心宅」。關乎心的事，正如我們在談治國平天下等大事業前，是否基本上要先「修身齊家」，把「自家」顧好呢？所謂顧好心宅，就是我們應該把「人的本分」做好，這是最根本的事。

　　當我們觀元辰宮，最重要的必須要「用心」，畢竟觀元辰宮，其實就是面對「你自己」。如果自己都不願意對自己用心，那一個人還能認真看待什麼事情？

　　在實務應用上，我們不但可以「觀」，也可以真正落實到解決問題，藉由了解以及「調整」，讓自己找到問題的背後原因，也能夠加以「調整」，進而改變原本不佳的現狀。

　　如果說，我們都能相信觀陰宅、觀陽宅，相信千年傳承的命理風水，那麼，我們自然也可以相信：我們能觀「心宅」，調整自己的心靈風水。

關於觀元辰宮的「專業知識」，要做到專精，需要像學者鑽研學術做學問般認真投入。關於如何具體協助觀者導入生活應用？更是必須搭配千千萬萬種個案，不同的人有不同的狀況，解答的方式也不盡相同。或許有人會覺得關乎「心」的事，不是有所謂的「頓悟」嗎？但其實這世間雖然許多人搶修惠能大師的境界，但沒有一個人能不入世就出世的。就像我在體驗會裡說的：六七因上轉，五八果上圓，是觀元辰宮的境界，初學者練六七，中段者五會顯化，體現出來，自然高段者能把五八應用得很好。

本書主要針對初入門的新朋友，以及過往曾學過元辰宮但想要有個「整合性的簡單知識彙整」者，以 Q&A 的方式，列出 100 個常見的問題，方便讀者藉此一窺元辰宮的堂奧。如果因此發現自己對元辰宮有深厚的興趣，我們也有完整的師資團隊，可以協助新朋友做更深入了解。

我還是強調：雖然人生在世，可能對很多事都感到困惑，但這世間萬事萬物，說到底，還是由「心」而起。心在人在，心滅人滅。

所以，學習元辰宮者，都必須對自己「有心」，也就是願意「愛自己」的人。如此，不論人們「心中」有任何的困惑，觀元辰宮都可以帶來相當的指引。

本文最後，我願意以漢傳禪宗北宗開創者神秀大師的偈子，做為新朋友開始閱讀本書的一個引子：

**身是菩提樹，**
**心為明鏡台；**
**時時勤拂拭，**
**勿使惹塵埃。**

　　我們可以把觀元辰宮，想像成「時時勤拂拭，勿使惹塵埃」
的過程，這樣的理解，讀者應該可以更明白。

　　那麼，就讓我們繼續閱讀本書，邀您一起透過簡單的問與答，
進入元辰宮的世界。

# 元辰宮 100 問

讓我們從認識
什麼是元辰宮開始

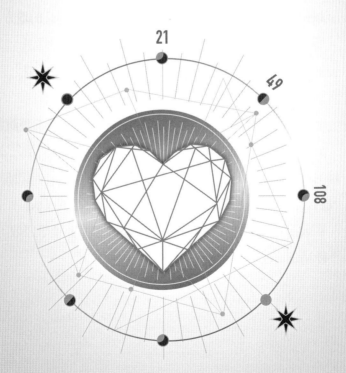

21

49

108

# Q 什麼是元辰宮？

即便現代社會資訊發達，相信還是有許多朋友從未聽過「元辰宮」，或者可能依稀有印象，但誤以為是民間宮廟祭祀那類的民俗甚或迷信，就讓我們先從最基本的名詞解釋開始——什麼是元辰宮。

**以最簡單的定義說明：元辰宮就是我們靈魂居住的地方。**

所謂「觀」元辰宮，意指我們可以藉由導師的導引，或者日後在自己接受培訓後，也能做自我內觀：「探看靈魂之家的風水」。

元辰宮所呈現的景象，就代表著我們每個人自身的整體狀態。

如果大家可以接受我們不論是居住的陽宅，或者祖先安葬的陰宅，都有相應的「陽宅風水」以及「陰宅風水」，那麼同理，我們心靈的居所，也就是心宅，也同樣有「心宅風水」。

觀元辰宮需要一定的專業，並且如同世間各種學問般，必須不斷精進，才能有更深入的理解。

我們以簡單的表列來看元辰宮這個靈魂居住的地方，可以分成以下五個區域：

| 元辰宮的景點 | 主掌範疇 |
| --- | --- |
| 大廳 | 當年大運 |
| 廚房 | 錢財配置 |
| 主臥房 | 感情家運 |
| 書房 | 功名利祿 |
| 花園 | 健康外緣 |

以上只是簡單的說明，實務上，例如元辰宮的書房，不單單只是與功名，各類考試學習、升官發財等有關，那裡也有生命之書，可以對人生問題提供解答。

關於觀元辰宮，更深入的理解，需要循序漸進逐步學習。實務上的觀元辰宮，一定要有合格的專業導師導引。

# Q<sup>02</sup> 具體來說，觀元辰宮有什麼意義？

　　如果一個人沒聽過「元辰宮」，會完全不知道這名詞是什麼意思。但當有了初步的認識後，相信人們接著就會好奇，如果真的有這樣的一個「靈魂的居所」，那我們要怎樣「看到」？所謂「觀元辰宮」會是怎樣的運作？有實際的「作用」嗎？

　　靈魂之家可以被「觀」嗎？自然是可以的，否則也不會有那麼多人參與「觀元辰宮」。但如同我們去參觀古都以及許多世界文化遺產，當進入重要建築物內部時，都需要接受導覽。我們進入「元辰宮」，也是如此。

　　畢竟，元辰宮對我們每個人來說，是攸關生命格局，是重要的建築。

### 觀元辰宮具體是怎樣的形式呢？

　　每個人都可以在專業導師「引導」下，從初階開始，逐步進入觀元辰宮，也就是看自己心宅的狀態。

　　在此假定我們已經比較熟練，可以真正進入元辰宮，可以比較清楚的「觀」入了，那我們會「觀」到什麼呢？

## 我們可以看到靈魂的居所

請想像我們去拜訪一個人,他會住在什麼樣的建物裡呢?答案是有各種可能。可能是西式建築、日式建築甚至中西合併。那現在我們拜訪的是「自己靈魂的居所」,同樣的道理,每個人的心宅樣式也都不同。並且元辰宮的樣態沒有設限,有人可能住在像紫禁城般的宮殿,有些人則是住在現代化的摩登樓房,但也可能有人是「穴居」,各種居所型式都有可能。

## 我們可以看到不同的房間內裡

如同我們進入任何現實生活中的建築物,可以看到客廳臥房廚房等,觀元辰宮也是如此,會有基本的內裡,包括大廳、廚房、主臥房、書房、花園等,我們稱之為「景點」。這些內裡風格很可能不一致,例如廚房採取傳統中式爐灶的那種,但臥房卻是純歐風,放有公主床的那種。我們的心宅可能是不同風格房間的組合體。

當然,以上都只是「觀」,一般人可能僅觀之但不得其「解」,這就需要導師協助。在元辰宮裡,不論是房間的大小、布置或清潔度等,都是有其意涵,也可以透過調整做改善,進而改善自己的真實生活層面。

## Q 03 觀元辰宮的作用或目的是什麼?

在世間,做任何事大致都有個目的或理由,例如去診所看醫師,是因為身體不舒服,或有健康問題想請教;去逛家具大賣場,是想要添購家具,或者了解市面上有什麼新產品。那麼,「觀元辰宮」的目的是什麼?

的確,觀元辰宮必須有「目的」,而非純觀光。

**最基本的目的:觀元辰宮是為了要改善現有的人生狀態。**

我們鼓勵人們常態性的藉由觀元辰宮來調整自己狀態,但不鼓勵抱著好奇、不夠誠信的玩世心態進來。

觀元辰宮可以「觀」到什麼?並且可以因此帶來什麼作用或影響呢?

### 進入元辰宮,可以通曉自己的「過去」,並據以扭轉「未來」

當然這件事不是一蹴可幾,也絕非一勞永逸。但的確透過導師協助,在觀元辰宮的過程,可以讓我們了解很多事,最主要是了解「現在」的狀態,但也可以「觀到」過往甚至前世相關的重要連結。透過適當的調整,既可以改變「現在」狀態,自然也能因為改變當下,進而扭轉未來。

## 進入元辰宮世界，可以替心宅風水改運

由於每個人的元辰宮型態不同，甚至每次看到的景象也不同，因此代表每次需要調整的內容以及調整的程度會不一樣。

每次的調整，都直接帶來現實生活的改善，等於是改變命運。

改善的項目，例如調整廚房，會影響到財運；調整花園，會影響到健康等。調整方式也因每個人狀況不同，做法也不同，基本的項目，包括改變內裡布置、清除髒汙，藉由一次次的調整，我們希望人們來觀元辰宮後，心宅會變得越來越清潔明亮，甚至有可能完全改變樣貌，從廢墟變成美麗宅邸。

# Q 04 觀元辰宮時，會「觀」到什麼？

相信很多讀者，知曉元辰宮是自己的心宅，裡面包含不同的房間等，不免有些躍躍欲試。但到底觀元辰宮會觀到什麼？是否可以有個更清楚的描述？

元辰宮，就是我們的心靈殿堂，是我們的心宅。觀元辰又稱觀元神。

提到元神，大家都聽過，也或多或少參與過年度大事，叫做「安太歲」。相信許多不同生肖的朋友，每年都會因應當年流年，去安太歲或點光明燈。那麼「安」太歲是在「安」什麼？點光明燈又是在保護什麼呢？其實就是保護我們的元神。

當我們安太歲或點光明燈的時候，目的是祈求各方神仙菩薩保佑。若我們都會去外面的廟宇和神佛祈願，那是否更應該到「自己的內心」做祈願祝福呢？

當我們觀元辰宮，也就是觀元神、觀靈魂居所時，也會遇見我們的心宅守護神，並且可以在守護神或者是管家的引領下，去做心宅「參觀」。

下列說明實際觀元辰宮的觀法，以及格局代表的意義：

## 大廳主宰大運

在大廳可以「觀到」很多今年流年該注意的徵象。比如說有些人可能要注意跟車子相關的交通移動狀況、有些人可能得留意家人會有某些狀況，比如說父母親生病住院或小孩子出狀態等，甚至於有人要留意可能有官司訴訟等狀況出現。

上列這些都可以在大廳觀到，看大廳就知道今年該怎樣調整，有助於今年的運勢，強化我們的能量。

## 廚房掌管錢財

可能有人覺得自己命格似乎不適合投資、覺得自己投資好像怎麼做都不順？有人則是不管是買股票或是跟著別人投房地產等，老是覺得出問題？還有人努力存錢最終卻仍守不住錢……上列這類跟財務相關問題，都可以在廚房「觀到」徵象。

當我們觀元辰宮時來到廚房，可以觀察你的「財富動能」哪邊出問題？財富的動能，有其固定的依序，這個順序往往也呼應我們身體不同部位的狀態，和身體健康有關。

## 主臥房主掌感情

現代社會有很多的曠男怨女，或者說剩男剩女。不論如何，若有機會，相信他們其實也想要得到緣份，想要有好的媒合，最好可以找到理想另一半，結婚步入禮堂。

就算是已婚者，也會遭遇不同情境。可能有人覺得婚姻不幸福，甚至瀕臨離婚想要挽回等，另外也有些人的狀況是他們想要生養小孩但總是得不到。

上列這些都跟主臥房有關，舉凡感情、家運，乃至於招斬桃花這類的，都跟觀心宅的「主臥房」有關。

**特別要說明的：觀元辰宮的改運，並非強制改變結果。**

現實生活中很多事情，例如結婚、戀愛、談感情，前提是雙方得先有共識。不同人往往會有不同理念，包括如何教養小孩、如何管理金錢等，都會有價值差距，那麼，必須由雙方好好溝通，不能凡事都想單方面「化解」。

基本上，重點在於解決問題的根源而非化解表面狀況。

## 書房主掌「升官發財」和「功名利祿」

古時候有科舉制度，士子一考定終生。到了現代，雖然社會已經發展多元，但人們依然仰賴各類考試考核等，作為生涯升官評量依據。也因此，許多來觀元辰宮的朋友，都會有這方面問題，例如擔憂職場評鑑不過、或者寫論文碰到瓶頸生不出內容來等。這些相關問題，都可以在書房「觀」到，並據以做調整。

既然是考試，當然包括孩子念書考試是否順利、以及家中若有過動兒、自閉兒等，性情容易浮躁不安，若能在元辰宮得到調整，小孩子會比較安穩，父母親也會比較安心。其他像是做實驗、寫市場分析報告、各類的研發進度卡關，或者創作者寫

劇本或寫小說沒有靈感，其解決方法，都可以在書房找到。

## 花園主導生命健康狀態

所謂花園，不一定是指後花園，也有的人花園位在前院。基本上，每個人的花園裡都會有生命樹[1]以及生命花[2]。

平常我們喜歡形容女人像一朵花，其實在元辰宮裡，不分男女，都有自己的生命樹和生命花。

以上，就是最基礎的，「觀」元辰宮的「觀法說明」。

---

註 1. 生命樹的整體狀態，對應一個人可能身體機能是否有問題？以及精神方面的課題。例如他的內心是否有煩惱？當透過觀元辰修護生命樹時，也就等同修護這些身心狀況。

註 2. 生命花，主要跟人生課業有關，也和貴人運、好人緣有關。一個人這一生的「志業」課題是否完成？生活中有沒有好幫手？此外，也包括他的「外出運」好不好？例如是否到海外工作發展會更好等。透過整理心宅左右腹地的花園，就可以調整自己狀態，營造貴人運。

# Q 要怎麼進入元辰宮？

提起觀元辰宮，新進朋友可能會表示：「我很緊張，這是我第一次進元辰宮，要怎樣才能順利進入元神呢？過程中會不會出狀況啊？」

究竟，進入元辰宮有沒有具體的 S.O.P. 呢？

新人對於觀元辰宮「既期待又害怕傷害」，這是可以理解的，畢竟，任何人對陌生及未知的事物，心中總是惶恐，更何況是牽涉到靈魂居所這種感覺神聖的所在。

但以實務面來看，完全不需要擔心，因為觀元辰宮全程有導師陪同，事實上，過程也不具危險性，敬請安心。

觀元辰宮，就是探訪自己的心宅，這個心宅，不需要翻山越嶺才能到達。但的確，對新人來說，剛開始觀元辰宮，並不是那麼容易進入狀況。

觀元辰，走的是「內心路線」，基本的方式就是透過我們每個人自身都有的五感六覺。

所謂五感，就是眼耳鼻舌身。更具體來說，就是「視覺」、「聽覺」、「嗅覺」、「味覺」以及「觸覺」。

所謂六覺，就是以上五感再加上「意念」的部分。

簡單來說，不同類型的人，進入元辰宮的模式有所不同：

## 視覺型的人

視覺型的人觀入元辰宮，他所看到的畫面可以用電影來比喻：很像是觀賞科幻類型電影，例如《奇異博士》或《露西》，片中都有那種快速閃現以及多種畫面交疊的特效感。快速閃現是感知型的表示方式（後述），視覺型則是特效暈染色彩絢麗廣角型的視角。實務上，我們真的在元辰宮裡看到的，可能比那樣的電影畫面更精采。其呈現方式，可能是動畫，甚至是具有渲染感的 3D，乃至於 4D，非常可能，你在現實世界不太可能遇到的畫面，在元辰宮裡卻看得見。

另外有些人看到的畫面，可能會出現慢動作或是快轉等現象，因人而異，重點就是不要被我們長久以來固有的現實世界印象所框住。

## 聽覺型的人

聽覺型的人觀入元辰宮時，剛開始是看不到畫面的，但他可以用「聽」的，他可能聽得到花公、花婆（編註：民間求子的兩位神仙）、管家還有神明等不同的角色，在元辰宮裡與他對話，甚至也可能聽到自己的親朋好友的聲音，那是因為：元辰宮本就是對應你的現實世界生活所對照的心靈投射，因此，現實生活中朋友的聲音，化為元辰宮的意象，只要能成為象徵，

都是可能的。

當「觀入」的時候，有的人可能聽到鳥叫聲，有的人聽得到玻璃破掉的聲音，或者可以聽到走路的聲音。在元辰宮裡可以很細緻的分辨出那聲音清晰的程度，例如走路的聲音是地上的木板被踩得嘎茲嘎茲響的聲音。曾經有學員跟他的個案說：「我聽見花開的聲音。」我會說你聽聽看，感覺一下，是哪一種花？能分辨嗎？然後對方會說桂花，或是扶桑花之類的。其他像是雨聲淅瀝、水滴落窗台或是風呼嘯而過的聲音，都可以聽到。

## 感知型的人

包含嗅覺、味覺和觸覺，在這裡統稱為感知型的人。有人觀入時可能會聞到味道，裡面有花香或者是臭臭的味道。一個人來到廚房，他可以感覺到那裡有米缸，還可能感覺到米裡有蟲子，甚至形容得出那個米「粉粉的」，並且也聞得到發霉的味道等。

在味覺的部分，有可能你的主神，也就是守護神，會請你喝藥或賜蟠桃、賜酒或一些小糕點等，這些跟「吃」有關的東西，也會讓舌頭有「感覺」。

再以觸覺來說，在觀元辰宮時，可能有人覺得身體發麻，或者覺得哪裡涼涼的或熱熱的，有些人在療癒時，會有針灸般刺刺酸麻感。

在感知力的部分，可能逐步地，隨著觀元辰宮的經驗增加，

可以看到的畫面會更明確。但那畫面初始可能會不停閃爍，在那個過程中，可能很多人會跟老師說：**「剛才我們面前好像閃過一個畫面，但我不是看很清楚。」**當那樣的時候，你就可能會更仔細去想，剛剛發生什麼事？當你開始去想，畫面就會「黑掉」不見了。

　　為什麼當事人會突然間陷入這種「黑掉」，無法清楚看見，或者是霧茫茫的，總之就是無法看清的狀況呢？這是因為，當一個人很仔細的去「想」，那個眼前一片黑，其實就代表來自現實生活中，「左腦思考」的干預。

　　**當我們在應用「感知力」時，主要就是順著一個「念頭」、一個「想法」，那是很直覺的反應。**

　　若想要調動「視覺力」，有時必須要搭配動作，如此可以讓各種畫面更清楚浮現。告訴以「感知力」為主的人說，例如，我們要「進去」一個房間，我們就要雙手做「開門狀」，如此就能真的感受到「開了門走進去」的感覺。在元辰宮裡，也可能會去擦窗戶，或者是稍微跟神明雙手合十敬拜等。

　　總之，雖然不像視覺型的人看得那麼清楚，但感知型的人還是可以看見閃爍光芒，且感應是聚焦的。例如看窗戶時，通常只能看到一扇窗或是沒有窗，那種閃過念頭的呈現，無法像視覺型可以採取廣角視覺，甚至還可能看到窗戶旁邊有沙發桌椅等擺設。但越融入，越帶入動作，凡是內在手腳經過的地方，會在剎那間產生畫面，同時也在動作後隨之消失。

關於如何觀入元辰宮？實務上當然還是要靠經驗，無法單單以語文描述。特別要強調的：**意念很重要，我們每個人說好話、存好心、做好事，就會產生正向的意念。**

　　**對每個人來說，他進入元辰宮的過程，是可以慢慢提升的。**好比嬰兒的成長也是如此：當小嬰兒初來到這個地球，什麼善惡觀念都不懂，第一個念頭就只是「我餓了」，然後會哭，他的感知力集中在嘴部。小嬰兒可能拿到什麼東西就往嘴巴塞，他的一切行為被「嘴巴吃東西」這個意念所主導，會拿東西來嗅吸或用嘴巴來確認存在的感覺。

　　但逐漸的，小嬰兒開始學會講話，有了語言能力，可以用「聽與說」簡單的溝通，之後再來建構邏輯力。這個小嬰兒看世界的觀點，會越來越不同，世界在他心中也變得越來越清楚。

　　**我們觀元辰宮也是如此，循序漸進，由下往上開發，內觀力是可以被訓練的**，內觀感覺優位是可以分辨出來之後加以訓練。畢竟有些人看得見、但是卻聽不到，就像默劇那樣的狀況也是有的。普遍來說女生視覺與感受力是相伴的，男生卻是聽覺與感受力相伴。又例如聽覺型的人有特定的頻率，藉由專業老師的引導，能抓住節拍與特定的頻率，進而可以連接使客人的內在呈現清明的畫面感。這是一對一個案時才能體會到的。

　　我們在剛開始進入的時候就請你跟隨導師，他會引導你，讓你知道對你來說，是哪一個感知比較優先？是聽覺型還是感知型的？之後就安心跟著老師，讓他帶你進入元辰宮吧！

# Q 06

## 元辰宮可以改變情緒嗎？

大部分人可能是因為在生活中碰到某些狀況，才想要尋求解答及協助，包含事業上遭遇的困難、債務危機或感情困擾，或者也可能是情緒方面的，例如憂慮、焦躁等。

想請教當我們進入觀元辰宮，就可以因此改變情緒嗎？

的確，觀元辰宮可以改變人們的情緒問題。

我們每天處在複雜的人事互動關係裡，難免會遇到各式各樣的人際挫折。較小的事件，也許可以自己化解，例如今天被主管罵，只要忍忍就好。

但很多人可能遇到較特殊的事件，像是和家人大吵一架，或面臨職涯選擇問題，此時他整個人情緒變得特別的低落或焦躁不安，還因此影響到睡眠，也影響自己和身邊周遭人們互動的關係，例如講話口氣變差或者總是擺著臭臉，這樣會帶來更糟的影響，形成負面循環。

如果以上這類狀況已經持續一段時間，甚至嚴重到可能自己都沒辦法跟自己相處，會自我懷疑，會質疑自己「存在的意義」等。到那階段，甚至當事人自己都不知道該如何求助，往往可能會由家人或朋友代為請求觀元辰宮。

當然，透過元辰宮，一定程度上可以調整每個人的內在狀態，進而改善當事人的情緒問題。

通常我們觀這類人的元辰宮，一進去就會看見：

· 內部太黑暗，可能連一盞燈都沒有

· 內部太凌亂，桌椅亂擺，堆滿雜物

· 內部有損壞，盤破牆裂，有東西破損

當看到這類的狀況，我們就要協助當事人，把桌椅家具放對位置，破損的東西換掉等，先讓元辰宮求取基礎的穩定，再來做更細部的調整。

觀元辰宮的狀態，也包含觀察體感溫度，例如有些人的元辰宮，一進去就比較乾燥，有的是像夏天或比較像冬天等，甚至碰上很惡劣的環境，以上這些都是可以進入元辰宮做調整的。

針對情緒面，也可以改變心宅的色澤，例如從陰暗調整為明亮溫和。

而每當經過這樣調整，毫無例外的，即便當事人還沒明顯感知，周遭人卻立即有感覺，例如有朋友陪當事人來觀元辰宮，他當時只在教室外等候，沒想到等到當事人觀完出來，他就發現短短時間裡，當事人已經有明顯的改變，還讚嘆的說：「你怎麼整個人氣色都不一樣了？」此外，也有媽媽帶孩子來觀元辰宮，原本躁動不安的小孩，觀完後變得乖巧安靜等。

經過調整的人，思考方式會改變，從牛角尖裡脫離，懂得反省自己的所作所為，互動也更具同理心，人際關係會明顯變好。

# Q 元辰宮可以改變未來嗎？

　　每個人都希望能擁有美好幸福的生活，若能夠預知未來，讓自己避開橫逆災難，讓生活更平順，甚至若能預知哪裡有投資機會，事先進場賺取財富，不是更好嗎？

　　所以，觀元辰宮，可以改變未來嗎？

　　首先，要強調一個觀念：當我們觀元辰宮，主要是看「當下的情況」，而非如同看水晶球般的照見未來。

　　但元辰宮跟未來有沒有關聯？當然有，就好比我們看到馬路上有個大洞，於是通知工程人員來做填補，這樣就能夠避免原本可能有人掉下去的災難。但這不能稱為「預見未來」，只能說當我們「改變當下」，自然就可以「影響未來」。

　　同理，我們在現在這個當下去調整元辰宮，包括可能去大廳、去書房、去廚房等地方，在導師的導引下去「觀」。老師都有一定的功力，也很有技術經驗，一般人就算「觀」到什麼畫面，大多不明其義，但老師可以協助當事人詮釋，進而讓當事人了解，原來看到了一些「未來的指標」。

　　就好比我們前面舉的例子，馬路上有個大洞，那是「當下」的狀況，但卻也同時可以關聯到未來，若洞不補起來，有人就

會跌進去受傷。同理，在觀元辰宮時，也可以看到很多跟未來可以做連結的狀況。

而身為老師，我們重視的是：看到「未來的可能性」，但這對當事人「現在」有什麼幫助？

可能看到未來公司職場上會有一些訂單、或者可能出國或者去某些場合，有機會遇見未來另一半、甚至還能夠精確觀到可能出現在哪些地點（例如，可能在靠海的地方有機會遇見真命天子）。此外，也包含身體上可能有哪些病痛，例如最近要注意腸胃問題，透過觀元辰宮，做到預先防範等。

也曾有這類的情事：在元辰宮大廳，遇到自己家中的長輩，對方可能是爸爸媽媽或爺爺奶奶，在那裡收到對方的預告，例如告知當事人他們可能要離開人間。

關於如何面對未來，老師會協助當事人，設法讓未來朝好的方向前進，就好比看到馬路有大洞了，就要設法去補起來。關於如何配合？老師會出作業，這部分是很重要的，學員一定要認真去做這作業。

此外，也別以為，當預見未來應該會很好，於是覺得就只需坐等「未來降臨」就好，這種坐享其成的態度，可能讓你等到的不是自以為會發生的美好未來。

或者相反的，預見未來不佳，以為自己就只能坐以待斃，這些被動的心態都是不對的。

**觀元辰宮不是宿命論，只是提醒一個人要把握時機，所謂天**

**助自助者**。

好比說看見身體有哪些狀況，神明不能幫你立刻改善，必須當事人自己懂調理，例如應該按照怎樣的飲食方式才能對身體較好，才可以降血壓或者改善血糖症狀等，這些仍需靠自己積極做改變。

簡單講，未來會如何？依然是掌握在我們自己的手裡。

# Q 元辰宮只有五個景點嗎？

每次提起元辰宮，老師們傳達的，似乎就是那固定的五個景點：亦即大廳、臥房、書房、廚房以及花園。

但每個人都「只有」五個景點嗎？還是有什麼特例？

基本上，五個景點，只是方便說明的分類而已，實務上，每個景點可能又可以細分成更多的單元。

就好像我們去參觀各種類型的建築物，可能中式西式或者原住民的房子，房間的格局及布置就不一樣，並非所有大廳都會是一樣概念的大廳，例如，若進入一間西式豪宅，也許光大廳又可以分成客廳、餐廳、休閒廳等。

大廳如此，其他像是廚房、臥房、書房等也都是如此。

我們觀元辰宮時，五個景點只是大體上的區分，並且也做為五項基本定位。細部來看，每個宮位又可以再看到更細部的區隔。當然這跟每個人的格局有關，有的人的心宅就是小小的房間，但有的人則是擁有寬闊的大房大院。

以大廳來說，若格局夠大通常會有客廳，另外還有個神明廳。這神明廳也有不同形式，有的就像祠堂一般，有比較大的規模，是獨立的一個空間，有的則可能是附屬於客廳旁邊一個角落，

其上安有神座等，此外也可能是佛堂或禮拜室。

　　基本上，觀元辰宮時，神明廳雖是隸屬於大廳，但觀神明廳也可以單獨切割開來看意象，例如當事人可以在此恭恭敬敬祀奉先祖，而以元辰宮來說，這些往生的親屬，也代表著對當事人的庇蔭。

　　再好比廚房，有些人光廚房就很有規模，就如同現代化的豪宅，廚房也規模大到包含很多部分，例如有中島，甚至還有吧檯等。

　　基本上，一個人的格局越大，能看到的空間及擺設就越多樣，老師也可以協助當事人調整，因此元辰宮是有可能由小規模逐步「擴建」成更大規模。而在調整過程中，其實也有助於當事人，因為格局越大、人生狀態越好，例如打官司可以勝訴，原本的客戶欠債也可以催討回來等。

　　同樣地，主臥房也是各式各樣，有人臥房大到有獨立的更衣間、豪華衣櫃鞋櫃或是儲藏間，甚至也有人家中另有小閣樓、小隔間或和室等，乃至於衛浴化妝間，也在元辰宮裡有一定的意義。

　　**總之我們的元辰宮，有著各式各樣格局。不論如何，對當事人來說，這都是一個個「能量區間」，在細分出的不同區塊中，還必須依照每個人福報的大小，讓導師指引我們專注在不同的地方。**

　　重點是，每個人一定要記得回歸到你的「內在」，觀元辰宮，

就是觀你的內在。

　　**你的心宅是什麼樣子的呈現，絕對反映到你的現實世界。**當房間髒亂，你要不要好好面對跟認真打掃？進而讓你的命運好轉？這就是每個人為了要改善自己、讓自己現實生活更好，所必須做的功課。

# Q⁰⁹ 觀元辰宮一次就能調整所有的景點嗎？

談到觀元辰宮以及調整元辰宮，感覺上最有效率的方法，當然是「一次就做好」全部處理，就像我們整理房間，也是一次徹底整理比較好。既然有五個景點，希望老師能幫我們一次全部調整好。實務上是這樣子的嗎？

理論上，老師協助學員觀元辰宮時，當然會希望可以調整的地方就儘量調整，但實務上，每個人狀況不盡相同。我們確實有一些學員，例如本身有修練過的道士或禪修師，他們因為心宅簡單所以能直指問題核心，一次將五大景點整理好。但對大部分的人來說，一方面每一處景點的調整，都必須花費不同的精力時間，這還只是指普通的狀況，若碰到極度髒亂或損害的情況，會耗費更久時間；另一方面，就算是同一個人，狀態也會持續變化。就好比，今天起床後整理過房間，難道明天就不需要再整理嗎？同樣地，心宅的狀態也需「常態維護」。

以觀元辰宮的「速度」來說，每個人內觀速度也不一樣。這裡就要談到，觀元辰宮時，為何每個人的進展會有明顯不同？

首先，人有五感六覺，也就是眼耳鼻舌身意，基本上，視覺型的人，看得比較明確，速度也比較快，當導師引領他的時候，

進度會比較快。

但聽覺型的人，透過聽覺辨位的能力與音波震動作用，會有音波探測器般的回饋。他可能就是內在的「知道」，或者是他可以聽到神明、管家，甚至花公、花婆乃至於僕人來跟他對話。這種情況下，他可能需要反應，而內在的對話過程是需要時間的，這種情況自然會讓觀元辰宮的進度變得比較慢。

隨著觀元辰宮的經驗累積，每個人都會進步，可能逐步由感知型朝視覺型邁進，這是由下往上慢慢訓練的過程。

整體綜觀，聽覺型的人，頂多感知到元辰宮裡有東西，但閃一下就不見；或者對感知型的人來說，他感知到有畫面，但就是片段片段的，像火花般閃現，然後一剎間就又消失，那畫面或許就像玻璃碎片散滿地，還需要進一步組合。體感型的人可能聞得到味道，可能知覺到神明賜酒、賜蟠桃、賜藥等動作。

所謂感知，包括舌頭上可能有味覺的反應，也包括身體上有觸覺的回應，他必須在心宅裡到處觸摸，必須要他摸到的地方才有畫面，沒摸到就沒有。這樣的人可能做任何動作，包括會開窗拉門等，都要稍微比畫一下，畫面才會穩定。可想而知，這樣的人觀元辰宮及協助調整所需的時間會很久。

整體來說，大多數人一開始都是從感知型起步，慢慢的讓自己對這地方越來越熟悉，看東西也越來越清晰，如此，速度感也會隨著當事人的狀況做調整。相信隨著經驗累積，有朝一日，觀入的速度會夠快，當然也是有人可以五個景點一次看完的。

# Q<sup>10</sup> 熟練後，觀元辰宮一次就可以解決所有問題嗎？

如果當一個人已經是「視覺型」的人，只要在導師協助下，每次就能觀完五個景點，把問題都一次調整解決完畢嗎？

**首先，觀元辰宮，不可能把事情「解決完畢」，因為長長的一生，人的狀況持續在變，隨時都有需要調整的可能。**

但實務上，就如同人的學習階段由小學、中學、大學、研究所步步高升，每個「階段」有每個階段的任務，觀元辰宮會做到符合客人需求，階段性完成當下的任務。

為確保任務完成，通常客人來，我們都會詢問他來此的目的，對於要問的事也有先後順序。例如想優先解決夫妻感情問題，再來處理職場問題等，這些都會先做好溝通。

如果是問能否至少解決「當下」的狀況，那也是因人而異。就好比我們同樣去醫院看診，有的人可能還要看Ｘ光片、聽醫師分析病灶狀況等，要花很多時間，有的人卻只要跟醫生談個一兩分鐘，等醫師開藥就好。耗時多久？無法一概而論，我們觀元辰宮也是如此。

例如，有些人，別的不說，光是一進大廳，就碰到比較麻煩的問題，有可能當事人逝去的家人來找他，甚至也有所謂「不

乾淨」的東西出現，這類狀況，再怎樣也不可能「快速解決」。

另外，元辰宮包含許多的能量場域，若當事人是個負面思考傾向比較嚴重的人，那麼，光是他的大廳和廚房兩個景點，可能就要處理很久。

大家可以想像：如果一個地方，到處都是黏膩膩的油垢，即便是在現實生活中，要清理掉也是件大工程吧！

但假定以上所說的「比較大的狀況」都沒發生，而只是一般的狀況，如簡單的髒亂，或東西亂擺而已，可能處理起來就會比較快。因此當天就一次處理完五個景點，也是有這樣可能的。當然，前提還是要搭配專業的導師。

基本上，一進入元辰宮，很多事可以立刻判斷，例如主臥房看起來很明亮，那麼就知道，這裡大概沒什麼大狀況。其他房間，好比書房，也需要花點時間打掃。另外，**速度快慢與否，也要看一個人的「意願」，也就是當事人是否很「誠心」想要面對問題**，若他本人態度閃閃躲躲的，其心宅必定也是朦朧模糊，這就影響其內在打掃的速度。

實務上，老師也確實處理過很多人，可以在一定時間內看完五個點，並且真正完成必要的整理，把心宅內裡都打掃乾淨。這些人，其中很多人可能本身就是修練過的道士或禪修師，或者有上過身心靈的課程，因此一方面他們自己觀入時間非常快，二方面做整理也比較快。其實現代社會上，習慣對某些修練統稱身心靈課程，但也有一些前輩，前來整理的速度確實快速，

而他們所經歷的路可能與時下身心靈科學或有不同，例如靠長期深山裡打坐靜悟等。總之，這些特定狀況的人，的確可以比較快觀入五個點。

另外，針對問題處理，許多人來觀元辰宮時，是針對特定主題要處理的，就還是希望以該問題為主。例如有些人想要問：到底該離職還是要創業？或大老闆生意上碰到麻煩，有財務狀況需要處理等。像這些時候，我們可能進入心宅，在書房裡翻閱無字天書，也就是我們的阿卡西紀錄（編註：專屬於你靈魂旅程的振動紀錄，據說會以能量的方式記錄靈魂每一世的思想），來尋求解答。或者有些人論文寫不出來，想尋求靈感，也是類似道理。

當上述這類情況，因為當事人已經知道自己觀元辰宮是「為了什麼目的」，由於有特定要解決的事情，那處理起來，速度也會比較快。

# Q<sup>11</sup> 觀元辰宮，是依據什麼原理？

現代科技進步，人人講求科學，凡事問證據談邏輯。觀元辰宮聽起有些「怪力亂神」，背後有科學依據嗎？或者不談科學，至少講出一個道理來，否則感覺就只是想像的東西，不是嗎？

其實，所謂的科學，只是整個宇宙哲學的一環，人類還有太多未開拓的領域，我們不能認為人類「尚未理解」的事，就代表不存在。例如像是空氣、細菌還有電力磁力，在數百年前人類也尚未認識，但不代表不存在，更不代表不科學。

那麼，元辰宮背後的原理是什麼呢？

若深談的話，可以包含全宇宙運行的道理，但這裡我們只談簡單的基礎概念。

其實這跟我們看世界的方式有關，如今我們觀世界的方式，是包含長寬高的三維世界，也就是所謂三次元立方的世界，頂多加上時間，變成四維。但通常一般人無法控制時間，只能在時間流裡前進。以這樣的認知為基礎，我們來簡單分析：

## 每新增一個維度，視野就更美更自由

舉例來說，一維世界就是一條線，怎樣妝點都不美，頂多就

是線條變個顏色，而行動自由度方面，也只能一直線前進或後退。

但到了二維世界，即便只是一個面，境界就已大不同。有一個「面」，就可以畫一幅畫，顯示出來的已經可以千變萬化，遠遠超乎一維世界的人所想像。但在二維世界，他的行動也是被侷限在一個有限「面積」裡。

三維世界，完全跟「線」與「面」不可同日而語，美麗的程度也不僅僅是十倍百倍的概念，是絕對的全新境界。那種境界是二維居民「完全無法想像」的。試想，一個人可以走在真實的花園裡，跟只能看到一幅花園的畫，那差距是如何比較呢？

**如果說，一維的人想像不到二維的世界，二維的人想像不到三維的世界，那麼，同理可知，我們三維的人也想像不到更高維度的世界，那裡肯定更美，美到超越想像。**

**其實，所謂的天堂，就是指很高維度的世界。**

### 超越時間的概念

每個維度都有其侷限。

一維的世界，只有長短，沒法想到面積。

二維的世界，非常扁平，沒法想到立體。

三維的世界，則受時間所限制。如同你我都知道，我們無法回到過去，也無法瞬移到未來。

但如果「時間」這個觀念可以被突破，事實上也一定可以突

破。就如同我們從三維看二維一般，也可以從其他維度看三維，好比說我們可以站在「歷史的視野」重新看待世局，觀點就會不同。

如果「時間」觀念被突破了，那傳統依照時間的序列模式，意即所謂的「過去」、「現在」、「未來」，乃至於「生死」就可以被超越了。甚至，因為超越時間，所以也沒有所謂的「開始」與「結束」。

## 維度的投影觀

想像拍照的概念，明明這世界是立體的，但照片卻是平面的。簡單講，我們把三維世界，用二維世界呈現。**其實維度與維度間也是如此：**

**一維是二維的投影**

**二維是三維的投影**

**三維是四維的投影**

**依此類推。我們這個世界，是更高維度世界的投影。**當調整更高維度，好比說我們在三維世界，改變我們的髮型再去拍照，拍出來的照片（二維世界）就不一樣。也就是當我們從更高維度做調整，就可以改善「現在維度」的狀態。

若我們拿著一張照片，覺得看起來髮型不美，想要用手工修圖，這當然可以做到，但這是修圖，你本人並沒有真的改變。要想在生活中真的變美，還是必須在三維世界做髮型改變，也

就是重新拍照，所呈現二維世界的髮型才能真正被改變。

　　簡單依照上面三個論述，我們就可以知道，觀元辰宮，就好比進到一個高維度世界，那裡超越了時間，超越我們在現實生活中的侷限，所以能觀到不同的意象，也由於站在更高的維度做調整，所以可以據以改善現實生活這個維度。

# Q12 西方國家有沒有元辰宮？

理論上，身為人類，不論是東方西方乃至於非洲人，應該都有個共通的背後宇宙，那裡不論是神明或天堂，不該有所不同。

以觀元辰宮來說，這好像是純東方的東西，所以對西方人能適用嗎？

這裡，必須要跟讀者建立一個觀念。**觀元辰宮，是超越三次元的維度，只是為了讓處在三次元空間的我們能夠理解，所以以符合「我們可理解」的方式，呈現元辰宮的樣貌。也因此，有人的元辰宮是中式的宮殿，但也有人是西式屋宅，或有日式和室等，那都是一種「內在的顯像」。**

之所以會讓讀者容易產生誤解，可能是名稱的關係。的確，「元辰宮」這三個字是純東方概念的，但命名只是因時因地制宜，在東方我們稱元辰宮，但西方有沒有類似的詞彙或類似的文化呢？當然也是有的。

在西方國家甚至埃及的系統裡，他們稱為 Temple。這個字的意思，很多人會翻譯成聖殿，就是靈魂聖殿的意思。或者也可以說就像在每個人自己的家，可能會有個花園，可是當我們是西方人或東方人，那花園的樣貌絕對不一樣。因為在西方國家，

很多人觀元辰宮時，裡面會有一個大花園，例如舉世聞名的凡爾賽宮就有很美麗、很大的花園，另外在屋宇的前面，也可能會有天使聖殿，或其他名稱不同但意涵類似的建物或處所，總之，不論名稱為何？都是指我們的內在。

關於內在世界的維度，身處三維世界的我們，還有很多功課要學，甚至這是一生的功課。

我本身也認識很多心靈境界很高的人，像有位老師，26 年來只靠空氣就能維生，人生大多時候也都是閉關冥想。

這宇宙間，本來很多事都是共通的，舉個例子，人人愛吃的蘋果，中文稱蘋果，英文稱 Apple，日語韓語則有各自稱法。就算同樣是中文，用台語、用客語或用原住民族語，稱法也不同。所以語言只是「介面」，實質的東西本就存在。

西方國家在很早以前就有用類似「心靈探索」這樣的概念在發展系統，包括從催眠系統延伸的一些課程發展，他們也很喜歡在探索自己內在的時候，應用到心靈花園、天使殿堂等概念，也會常態使用 Temple 這個字，或者稱作是內在寺廟，總之就是你自己的靈魂之家。

元辰宮若聽來太東方，我們也可稱之為心宅，或心靈風水。無論如何，任何人只要願意去坦誠面對自己的內在，然後彰顯到外在，那麼外在世界的展現就會更好。也就是西方常說的保持正能量，宇宙就會回饋於你，這種「吸引力法則」說法。

# Q 元辰宮跟觀落陰一樣或者類似嗎？

觀元辰宮是讓自己看到另一個非現實世界的景象，但我們也常聽到的一個活動，叫做觀落陰。二者都是「觀」，所以這兩件事是一樣的嗎？或者只是不同地方稱呼不同，或觀想程度的差別之類的嗎？

「觀元辰宮」跟「觀落陰」有什麼不同？這是我們經常被問到的問題。在台灣，很多人都聽過觀落陰，那已是傳統民間習俗的一部分。而當提到觀元辰宮，也因為同樣有個「觀」字，經常兩件事會被聯想一起。

但這裡要慎重強調，**「觀元辰宮」**跟**「觀落陰」**真的**「完全不一樣」**！到底哪裡不一樣？這裡就分別來解釋。

## 何謂觀落陰

觀落陰其實就是字面上的意思，「陰」指的就是陰曹地府。要觀，就必須「落」，因為地獄是在人類世界下方。

觀落陰就是到陰曹地府，就是下地獄去。既然下地獄，通常看見的是亡靈，畢竟我們不會想在觀落陰時看到現實中的人。

可能當親朋好友往生或者心愛的寵物去世了，當事人特別思

念，想去陰曹地府跟他們相會，聊聊天化解心中的執念，可能只跟對方問「你過得好不好」之類的；當然也有些人觀落陰，是基於另一種理由，他們是有冤親債主的問題想要化解，那樣的時候，也可能讓他起動念去一趟陰曹地府。

觀落陰時會遇到怎樣的神明？主要就是地藏王菩薩、閻王或者是城隍爺等。若有專業的導師，他應該協助化解這部分的思念或糾葛。

## 何謂觀元辰宮

閱讀本書，相信在前面部分讀者已經知道種種觀元辰宮的流程，跟觀落陰真的是完全不同的。這裡再次簡單敘述：元辰宮是我們現在靈魂居住的地方，那裡的風景跟觀落陰完全是不同的概念，那裡有掌管大運的大廳，掌管錢財的廚房，掌管感情的主臥房，掌管功名利祿的書房，還有掌管身體健康的花園等。

比較上，觀元辰宮跟觀落陰，除了「觀」的概念外，其他的都不一樣，不但不一樣，差距還很大。

# Q<sup>14</sup> 元辰宮與催眠的差別？

儘管「觀元辰宮」跟「觀落陰」不一樣，但人們還是會聯想到其他跟心靈相關的活動，第一個聯想到的就是「催眠」。甚至有人覺得觀元辰宮只是讓一個人進入被催眠狀態，不算是真的進到什麼心宅世界，是這樣的嗎？

大凡分析一門學問，如果不懂，不方便置評。但關於「催眠」這件事，絲雨老師我卻是有資格可以加以評析的，因為老師本身也是合格的催眠培訓治療講師。

元辰宮的技術跟催眠有什麼不一樣？必須說，有些道理是相通的，畢竟都是跟心靈有關。但就好比我們炒中式炒飯要用到炒鍋，做西式煎蛋也要炒鍋，卻不能因此說炒飯跟煎蛋是一樣的東西。

所謂催眠，我們都知道，人跟人之間只要能接受互相引導，這就已是淺層催眠的一部分，以此為準，其實很多人，例如生活中大家本來就已「常態」的被催眠了。舉例來說，人們喜歡自我暗示，其實就是自我催眠，例如，有的人喜歡看電視購物台，然後邊聽電視裡主持人介紹，也邊告訴自己「真的家裡有需要這東西」，這正是一種催眠的例子。

既然「催眠」本身就可以用來框架很多事，所以用來比擬觀元辰宮和催眠兩件事是否相似，其實不是那麼恰當。整體來說，觀元辰宮過程或多或少也會應用到一些催眠原理。

　　在元辰宮教授的技術裡面，包含 NLP 大腦神經語言傳承、次感元的能量調整，以及我們所謂的感情橋，此外，還有一些薩提爾、榮格心理學的意象分析等。我們可以看到，這中間大量融入所謂西方的心理學元素和技術，也包含傳統東方的技術。

　　對一般民眾來說，來觀元辰宮，不是脫離現實生活，跑到東方古文明傳統想像世界裡的概念。在這裡你也可以聽到心靈修煉原理的四句真言：『對不起、請原諒、謝謝你、我愛你』，或者零極限思維的東西。

　　若要細究「催眠」跟「觀元辰宮」的差別，二者相似之處在於，我們都會在與客人共同協作間產生互動感，彼此間達到一個「狀態」，但我們遇到狀況的後續，是以解決問題為主。而傳統的催眠，有些是只靠催眠師不斷引導，跟客人間不會彼此互相協作。當然也會有一些導師會跟客人做互相導引的過程，那就會有一點點不一樣。

　　總之，以專業技術面來說，觀元辰宮融合了很多學問，包含很多的層面，但不能單單以此來跟催眠做比較，仔細分析，背後的脈絡跟傳承更是完全不同。

# Q 15 元辰宮跟前世今生有什麼不一樣？

　　既然提到了與觀落陰的比較，又提到與西方的催眠比較。相信許多對靈魂宇宙能量等議題感到興趣的朋友，還會聯想的也是東西方都有的課題，那就是「前世今生」。我們觀元辰宮，也會因此探知到前世今生嗎？

　　如果以「結果」來說，是的，觀元辰宮是可能探知到一個人的前世今生，但二者仍然是完全不同的概念。

## 何謂前世今生？

　　「前世」，顧名思義就是回到從前，並且是「這世」以前。回去做什麼呢？會想要了解自己前世的人，可能有婆媳問題或者感情上的問題，例如跟前夫、男友乃至於跟小孩間，有怎樣的愛恨糾葛，也包括和上司或和兄弟姊妹等，總之，因為「這世」有了人與人之間的某些罣礙，所以想去「前世」尋求解答。

　　不過，也不一定只是因為人際因素的糾葛，很多時候，你覺得這輩子有某些課題讓你無法前進，當我們去探究前世今生，可能就會發現你在前世曾經許下過願望，然後你到了這一世，那些願望已然被忘記，但那些承諾必須在這一世兌現。

在處理前世今生的狀況時，導師一樣會協助你做能量上的化解。另外有可能在這世有無名的病痛，可能會在某些特殊場域發作，例如當他看到某場景就會感到頭痛，為什麼會這樣呢？探詢答案根源，可能就出在前世。身為導師，會協助當事人去探索，到底是前世的何時在怎樣的場域，造就今生這樣的痛苦？透過理解去化解，當事人就會發現在身體疾病上有些改善。

## 回到元辰宮的情況

那麼關於元辰宮，讀者應該已從本書前幾個 Q&A，了解元辰宮是完全不同的概念，觀元辰是去到我們「現在」靈魂所居住的地方，那裡有大廳、書房、臥房等景點。但的確若在特定情況下（而非普遍情況），觀元辰宮同時也會接觸到跟前世今生有關的元素，這一點，在下一個 Q&A 會進一步說明。

# Q 16 我適合觀元辰宮還是觀前世今生？

如果說我們現實生活中的狀況，可能跟當下的心靈狀態有關，那是否也可能跟前世今生有關？要怎麼判別呢？

觀元辰宮跟觀前世今生有衝突嗎？

以現實生活中我經常處理的案例來看，觀元辰宮時，經常也是可以結合觀前世今生的。

要知道，所謂元辰宮，已經是超越三維四維的概念，也就是超越時間的概念，既然時間只是一個「向量軸」，我們觀元辰時雖處在「當下」，但依然可以在這樣的向量軸往前或往後，穿梭在不同時間裡。

**當然，基本上觀元辰宮就是要解決特定問題，如果當該特定議題的確跟前世今生有關，那我們處理的程序上，自然就要接觸到前世今生。**比如有的客人，她可能在感情上有疑問，想知道跟老公過往有什麼淵源？也就是有怎樣的愛恨情仇。為此，我們觀元辰宮的時候，就會進到她心宅的主臥房裡。主臥房其實是有特殊能量的地方，那裡有個傳送點，若這時候剛好傳送點裡出現先生給她的一些前世今生的物件配件，例如髮釵、髮飾等，或是衣櫥打開裡面都是一些中式的、古代的，好比說明

清時代的服飾，或者出現一張照片，內中的女子是處在清末時代等。

當這樣的時候，就已經在接觸前世今生了。

在觀元辰宮的時候，我們都可以透過這樣的能量場去接觸前世今生議題，最終目的就是要能解決問題。

有些人因此知道為何今世會有這些紛擾，若有可能也希望可以得到化解。甚至有一些人，為何成為一些感情世界裡的第三者？這也有可能是跟前世印記有關。

當過往的一切，被帶到這一世，我們要知道怎麼去化解它、解決它。在解決這些問題之後，你自己就要有所覺悟。

**也就是說，接觸前世今生的目的，是要你有所學習。學習之後，這輩子你要斷捨離嗎？還是要重蹈覆轍？亦或重新來過，再次重生？這個決定權，會回到自己身上。**

話說回來，回到本 Q&A 最前面的問題，如果一個人不清楚自己要先觀元辰宮還是前世今生，那該怎麼跟他分析呢？

是這樣子的，有些人很想看前世今生，是因為可能感情上有些能量的糾結，比如放不下前任或前前任情人等。在這種情況下，老師會推薦當事人去參閱心宅裡前世今生累世的印記，透過不斷學習，讓當事人自己提升，釐清跟對方這一世的關係。

**但以觀元辰宮來說，我們的重點還是在「當下」。**

如果覺得「現在」能夠梳理一下你的大廳大運，讓你的財運相關的一些狀態，以及種種的感情議題等能夠被清理整理，就

可以讓一個人思緒更清明。畢竟，你會疑惑，就是因為「內心太亂」，心亂當然就看不清真相。

當一個人能「看清真相」，或許當事人會發現其實他根本不喜歡對方，那就選擇分手，也許下一個會更好，就無需特別去看前世今生了。畢竟「當下」的事，自己就能釐清處理了。

基本上，我們仍希望每個人先關注「當下」，主力推薦的還是先觀元辰宮。如果進到元辰宮後，有些人仍有前世今生印記的拉扯，或其他感情上的拉扯，那麼，我們就會在元辰宮裡的一些地方，例如大廳、花園或者是其他方位找答案做處理。

例如在房間裡發現前世今生的議題，老師會當下處理，畢竟當事人就是因為這個問題而無法前進。對老師來說，他處理的其實是你的「當下」。

只有當我們把罣礙、憂心的事情，透過內心清理，做到真正「釋放」，這個時候你才能夠再往前進，未來才會更好。

# Q 17

## 元辰宮是想像出來的嗎？

這樣說，不知道老師會不會生氣？

想問，所謂觀元辰宮，該不會只是人們被催眠後的幻想吧？

好的東西，真實的東西，是不怕被質疑的。

現在有人假定元辰宮可能只是想像的產物。好，我們也不預設立場，說是或不是。不過，若元辰宮是想像出來的，那為何會長成那個樣子呢？

若是純幻想，從小到大每個人也見證很多事物了吧！如果想要夢幻的心宅，應該可以勾勒出迪士尼城堡那樣的感覺，即便不是每個人都如此，那至少應該有一定比例的人觀元辰宮時會看到城堡吧！為何沒有呢？

或者想像成凡爾賽宮、紫禁城。如果只是想像，很多電視劇都有美輪美奐的古典建築可以參考，也有浪漫的偶像劇，故事裡有湖畔小屋，飄著白紗窗簾的優雅豪宅等，但為何我們觀元辰宮時，自己心宅的畫面不是如此？

並且元辰宮的架構往往是拼貼式的，例如你的元辰宮可能大廳是中式，廚房是西式，主臥房又變成日式，正因為是由不同風格組成，才能讓我們去解析，才有後續處理的意義。

如果是想像的，為何有的人一觀入後，原本會是間破舊的屋宇？又為何可以一次又一次的被改善？真的純靠想像，那麼編劇也太入戲了。

　　拋開因襲科學頭腦的偏見，請允許你自己接納各種可能，真心認知到這世間的確有許多超乎學校課本內容講述的事物。保持開放態度，讓自己願意去接受，如此，才能真正深入去了解元辰宮。

　　不排斥面對命運，願意去認命，接著就能創運。

　　這樣子才能讓自己運勢越來越好。

# Q 什麼時候需要觀元辰宮？

觀元辰宮是種特殊體驗嗎？也就是說，以一輩子的經歷來說，我只要「觀過」元辰宮就好？就好比我們可以炫耀我曾經去過歐洲單車環島，那樣的給別人知道嗎？還是其實觀元辰宮會是一種生活中建議「常態參與」的活動？

觀元辰宮有規定特定的時間點嗎？

其實任何人，只要你「想」觀元辰宮的時候，就該去觀，也就是說，是內心的自己發出的請求，要你去審視自我。

基本上，關於觀元辰宮的時間點，有以下五種狀況：

### 聽聽內心的聲音

不要忽略，人有很多潛能都尚未發揮，包括內心自我提醒的本能。當你觀元辰宮，就已經跟靈魂的居所建立了連結關係，因此日後當你內心升起「想看」的念頭，其實就是該觀的時候，為什麼？因為是來自內心本能反應。

### 常態建立能量

如果你正在學習這技術，那麼你自己會固定去調整觀元辰宮

的時間，包括同學間彼此交互練習，當這樣交互練習時，就會有固定能量場，所以也會選擇在固定的時間，特別是可以結合能量鞏固期來觀元辰。

所謂的能量鞏固期：21 天→ 49 天→ 108 天。

也就是分別在第一次調整後，下一次時隔 21 天，再下一次隔 49 天，再下一次隔 108 天，都要再回來觀元辰宮。

## 碰到改變的時候

我們需時時穩定內在狀態。不過，就算我們已經非常穩定地去做了自身的能量鞏固，但不代表「這個世界」也跟著穩固。也就是說，處在世界中的我們，還是會受到這世界的影響。

當周遭可能有一些大環境的負面影響，比如說經濟崩盤導致公司損失，或意外災害帶來傷亡等，因為外圍環境非常糟糕，容易影響你的工作狀況，或影響你的感情生活。另外，在現代，因為地球暖化，天災或人禍都不少，每當發生這類事情，也一定會影響到每一單位每一個人。

當個人受到影響，這個時候也該來看看元辰宮。

關於改變，這裡要特別說明的，當發生狀況，例如前述所謂的天災人禍，或許你本身沒有覺察，但實際上影響已經發生，可能正在侵擾你某些地方，肇始你跟那些負能量共振產生負頻。因此我也常鼓勵學員，不要被動的等到「感覺很不對」了，才想到要觀元辰宮，而是要經常性地回來觀元辰宮。

### 想了解自己的人

當然有很多的朋友，以前沒有接觸過元辰宮，當看到報章雜誌電視節目等報導後，或是曾「聽朋友說」、「聽閨蜜說」，或者從曾來我這裡體驗過的朋友口中，聽到他們的經驗故事，而動心想來、想真心了解自己的，都會來結緣。

### 純粹好奇的人

前面提到藉由朋友分享，因此吸引來的人，有一種是想了解自己的人，但也有另一種人可能是純粹出於好奇。

對於基於好奇心態者，不能說不歡迎，但這裡還是要強調，一個人的好奇值多少錢呢？除了好奇，不會也希望因此讓自己有所收穫嗎？

畢竟，導師協助調整的時候，必須當事人配合，若當事人自己都不知道想要調整的重心是什麼？那諮詢上就會有所阻礙。最好還是先了解自己：是想要擁有更多財富？還是感情上的順利？甚或對健康方面的關心？將想要調整的重點要誠實地告訴老師，這樣子老師才能協助你。

# Q 我們是親自看元辰宮嗎？

觀元辰宮，一方面應該是看「自己」的元辰宮，但另一方面，我們不懂自觀，需要導師導引。所以到底是我們自己看，還是導師幫我們看元辰宮呢？

　　初次來學習觀元辰宮的人，一定需要老師來帶領。導師會依照每個人的狀態，親自教會學員，如何輕鬆進入自己的心宅。

　　當然，所謂進入，也就是觀入。那個觀者，就是學員或當事人自己。因為每個人有五感六覺，他們會藉由自己的五感六覺來體驗自己的心宅。而老師會看當事人本身是屬於哪種型的人，就依照他的屬性來引領他。

　　可能有學員是聽覺型的，他是完全沒畫面的，只能看到黑黑的或灰灰的，或者有些人說：「老師我有看到光，這邊有個綠色的光，那邊有個紫色的光……」等，他會問老師是不是該往那個方向去？還有當事人可能聽到小鳥叫、木屐踩踏的聲音等。再來是嗅覺型的人，當事人可能會聞到花香、神明檀香等，或是味覺型的人，他感知到神明賜酒、賜蟠桃、賜藥等。此外還有觸覺型的人，他們進屋必須要做開門的動作。

　　不論哪種類型，對初進入元辰宮的人，導師都會教導該怎麼

做，協助當事人融入那個情境。

當一個人越願意「誠心」面對自己，感受的情境也會更加穩定，例如一扇窗戶，你會更感知那是要用「往外推動開啟」的，還是像日式和室是「拉門式開啟」的；門也是如此，有的是左右方向，有的是前後方向開門。當你願意讓自己更投入的時候，就會發現你的心宅在你進入後，願意「讓你看到」的東西更多。

意念很重要，有些人一進來就會察覺，他的第一個念頭、第一個想法，帶動一些動作，就會發現他想看到的畫面，由原先有點霧霧的、濛濛的，漸漸變得越來越清楚。學員的進展，可能從開始聽得到一些聲音，進而逐步可以做到全觀，而在一旁的導師，也會陪同他一起成長。

有種狀況：有些人，表面上說想看自己的財運，但實際上觀入元辰後，廚房這部分卻總是模模糊糊的，好像不想讓他看到，但到了主臥房時又很清楚，神明廳也很清楚。這樣我們就會知道，這個學員內心根本沒有準備好要調整自己的財務。

我們所謂的內觀內照，所謂的往內看，並不是用肉眼看，而是要用我們的「心」去看。一個人願意相信自己、願意去學習，很快的每一個人都能做到「看見」，因為每個人都有五感六覺。

而這個看見，當然是「本人親自」看見。

# Q 20 觀元辰宮一定要閉眼睛嗎？

如果觀元辰宮就是進入自己的心靈殿堂，那肯定就一定要全程閉上眼睛的，是這樣嗎？

答案其實不一定。

舉個最明顯的例子，那就是聽障者。由於聽障者根本聽不到，也就是無法聽到導師的引導詞，那怎麼導引？他只能睜開眼讀老師的唇語。

至於當他讀唇語時，要怎麼跟你反饋？除非是用打字的方式，因為那是他唯一能用的表達方式，除非老師也學過手語，並且程度得非常好，不然溝通會很困難。在這種情況下，當事人觀元辰宮就不能閉上眼睛。

除此之外，我們也有一些太過緊張的朋友，他可能就是一直處在「很擔心、很惶恐」的狀態，害怕「進去就回不來了」之類的，所以也不敢閉上眼睛。甚至有人平常就連晚上睡覺都不敢關燈，可見內心很害怕。偏偏這類的人，其實非常需要觀元辰宮，但他們也不敢閉眼睛。

怎麼導引呢？沒關係。一開始可以輔導他們先盯著一面牆或是看著天花板，然後以第一直覺的反應來回答老師，過程中就

算不閉眼睛也是可以的。

另外，還有一些特殊教育的孩子，溝通表達是有困難的，比如說唐氏症的孩子或者自閉兒、過動兒，在協助他們的時候，當事人甚至無法安靜地坐在那邊，可能他們會邊玩樂邊跟你溝通，所以在能量上只要維持協作關係，連玩樂都可以，更何況不閉眼？

像前述的特殊孩子，要採取的輔導模式，可能是協助他們用不同方式表達，例如用繪畫的方式把心目中的影像傳達出來，或者是用堆積木，把他的元辰宮表現給老師看。

當然這部分需要更專業的引導施做，我們有聘請更專長的師資，可以協助這一塊。

方法不侷限一種或兩種，最終目的只要可以帶來當事人狀況改善，都是好的。

# Q<sup>21</sup> 調整元辰宮一次可以維持 多久？

這問題跟效用有關，一個人觀元辰宮後，可能會關心兩個時間問題：第一個觀元辰宮觀多久才「有效」？第二個是，若調整元辰宮後帶來好的改善，那麼這樣的改善，可以維持多久？

會問這類問題，可能都是新來的朋友，反倒資深的朋友都知道，觀元辰宮，是持續常態性的。但沒經驗的新人往往偏向：「如果做了有效果，當然希望維持越久越好。」最好是「一調定終身」的概念。這些新人可能誤解了，以為觀元辰宮是個「終極神器」，用一次就可以讓自己「一輩子」都處在最佳的幸福狀態。

當然這是不可能的，就好比家中有車的人都知道，一輛車就算做了大保養，什麼零件都換過，機油也都補滿，還潤滑了所有機件，依然每一季或至少每半年車子都要再進場保養，連汽車都如此了，何況是關乎一個人一生命運的元辰宮？

那麼到底「觀一次」可以維持多久？主要還是看當事人自己。

我們其實有很多的經驗，有些人本身就非常的正向，他們來調整自己的時候，當下原來的能量感就非常好。不過沒有人是十全十美的，他們觀元辰宮時，還是有些地方需要調整，比如

地板上仍有些髒汙等，等清理後，自然他們的能量又可以維持很久。

　　相較來說，有些人一觀入，可以看見心宅裡頭有非常多的髒汙，因為需要調整的地方實在太多了，每個景點還必須分很多次處理。所以他可能每次來都在調整不同的地方，可能這一次是把大廳和廚房調整過，下一次則是調大廳跟主臥房，再下次又必須把大廳廚房跟主臥房未調整完的地方補充調整，之後才能調整書房等。就是這樣每一次「擴建一點點」、「打掃一點點」的概念。如此，他在調整元辰宮時，前前後後就會花比較多的時間。

　　然而無論是誰，當把整個元辰宮整理乾淨後，都可以維持一段時間，在這段時間內基本上都算是乾淨的，就好比汽車已經整體做到保養一般。不過，這所謂乾淨，會有個平均區間，就像再好的車子也要定期保養一樣，這也就是我們為什麼要把能量鞏固期分別設立在 21 天、49 天以及 108 天的原因。

　　我們的資深學員，都已經習慣了這樣的期間。也就是，第一次調整完後，當時心宅已經很乾淨了，但為何 21 天後要再來做調整呢？因為這段期間內，人與人間互動，可能你跟周遭親朋好友間，總會有能量比較不好的，會帶來負能量想法，也會干擾到你。又或者你的同事或你周遭有發生一些狀況，例如公司業績不佳要裁員，或者發生金融風暴，導致人心惶惶，這些大環境的狀態改變等，或多或少一定會影響到我們的心境。甚至

當碰到這類比較大的狀況，可能來不及等到第 21 天了，當事人就提前來觀元辰宮。

這類事情的確是難預料的，好比星相學上水星逆行的那段時間，地球的災難也會變多，有人在家就突然碰到水管爆裂，或沒事坐電梯，竟碰上電梯卡住不動被驚嚇到等的突發事件。

所謂「意外」，本就是難預料的事，不論如何，碰到狀況就提前來預約觀元辰宮！

但如果沒有以上這類意外或特殊狀況，那就還是採取 21 天、49 天、108 天這樣的週期，隨著一次又一次的調整，你的內在會慢慢地越調越好。許多長期客人，他們已經習慣了正能量，有些人固定就是半年來調整一次，就像車子沒狀況，也會定期保養的概念。

我看著我的學員，個個處在好的能量狀態，有些人我看著他們，從最早的單身、到脫單、到結婚、乃至於婚後懷孕，等於伴隨著他們一起成長。

**這裡簡單總結：**

**有狀況時，一定要來觀元辰宮。**

**平日能量好的時候，固定來觀元辰宮，這是一種預防不順，也預約幸福的概念，如此陪伴大家一生就會處於幸福好能量的狀態。**

# Q22 負能量需要多久時間才能清除？

當我們觀元辰宮，會在心宅裡找到「為何自己運勢比較不順」的原因，如果在元辰宮裡發現很多負能量，處理會需要多少時間呢？畢竟，越快處理，才能越快找回自己的幸福人生啊！

相同地，本題的答案，還是跟許多觀元辰宮的相關課題一般：那就是，答案因人而異。

每次客人來的時候，我們都在協助客人，清掃他的元辰宮，也就是處理他的心宅，調整他的心靈風水。

大體上會有個順序，我們會從大廳開始，因為大廳主大運，這裡一定要做到最起碼的整齊乾淨。有時候，有些人在進入元辰宮前，可能會先經過前院，那裡有個花園。既然都經過前院了，凡經過的地方就可以先開始打掃。

打掃越勤，就越會產生正面影響，但要花多少時間？真的還是需要看每個人的狀況，如果面前是一片荒蕪如廢墟般的園子，對比於草木扶疏清爽乾淨的花園，處理的時間自然會差很多。

當然有些人來觀元辰宮，是特別設定主題的，例如他是針對財務狀況的，就要加強客廳以及廚房的整理，如果再有時間，還是可以去看主臥房及書房，畢竟很多景點都跟財富有關：好

比說書房主升官發財，這也跟財富有關。以這為例，就可能無法一次處理完，而會是交叉搭配的一個模式，亦即：這次處理客廳加廚房，下次處理廚房加臥房等。

當所有景點都調整完，也就是心宅已經打掃乾淨的時候，我們會指定功課給客人。這部分非常重要，我們總強調，功課一定要做，功課做得越勤快，內在的維護就越維持在好的能量。

現代人喜歡玩手遊或電玩，這裡也以電玩來比喻。負能量何時能清除？那其實不是一個「固定的數值」，所以也沒有標準答案。如同打怪遊戲，每個人就像是遊戲中的主角，每天面臨到的問題，例如「同事間的糾紛」、「老闆的責罵」以及「客戶的無理取鬧」等負能量，就是你要打的怪。身為主角的我們，每次打怪，血液值就會降低，也就是能量降低，而這件事是「時時刻刻」在發生的。也就是負能量值，每天隨時都在增加。

那麼每次調整完，會有什麼狀況呢？就好比打怪後回去「補血」，補完血後血液值上升，整個人的各種數值也會達到滿分。但可以維持多久呢？這要看個人，有的人處在競爭激烈的職場，可能每隔幾天能量值就大幅下降了，因為他天天都「受傷」。

這就是為什麼經常要講能量鞏固期，我們要鞏固你的能量，希望能夠從內而外去散發，如果一個人已經習慣好的能量，到頭來，就算處在壓力中也不太會覺察壓力，那就好比遊戲裡，主人翁的等級大幅提升，當再次碰到普通怪物，對主角來說已經不痛不癢，血液值就不會下降。

這就是「境界」的問題了，而觀元辰宮無疑可以提升這樣的境界。

更具體來說，其實每次觀元辰宮時都把髒汙都清裡掉，但下次來，卻發現「怎麼又髒了？」又需再次清理。

**到底每一次清理乾淨後，可以持續多少時間呢？**

**如前所述，關乎兩個重點：**

### 大環境的狀態

如果大環境實在太糟，是不是建議改變環境？例如一家公司真的是血汗工廠，為何一定要繼續待在如此負能量的場域呢？

### 自身的強度

你越強，就越不怕負能量干擾。

根據經驗，我們有客人長期下來，真的已經讓自己的能量維持在很好的狀態，甚至後來一忙，他們也忘了要觀元辰宮。

但世事難料，可能突然就碰到一些意外狀況，就好比遊戲中本來滿滿的能量值，一下子碰到大魔王，血液值猛降，當那樣的時候，他們就會想到再回來預約調元辰宮。

總之，每清理一次心宅，可以維持多久？還是看個人狀況。

如果把自己維護得很好，負能量就比較不容易近身。

# Q 23 能量鞏固期需要多久？若第四次沒調，之後還要從頭開始調嗎？

如同老師所說，元辰宮調整後，還是需要定期回來調整，那每個人的能量鞏固期都一樣嗎？如果有人調到第四次，但後來沒繼續再調，那之後他要再重頭開始嗎？

每個人的能量狀態不同，無法一概而論，不是說哪個人能量只要調過一次就會非常穩定。

但基本上，我們還是都建議每隔 21 天、49 天以及 108 天，要回來調整，這樣我們能量會越來越好。所謂鞏固，就是指要把好的能量，像打造一個堡壘般，給保護鞏固下來。

鞏固下來後主要的影響，就是你的內在就會適應一個「好習慣」。畢竟，所有的「好習慣」都是從不適應開始的，例如有人想跑步，剛練跑時可能感覺很辛苦，每天必須早起他也很不習慣，但時間一久，養成習慣，他就再也不覺得跑步會痛苦了。

當習慣了這些好習慣，就代表一個人有好的能量，然後慢慢地就會去做很好的轉化。至於有些人，他們可能因天氣異常，有些身體病痛，那我們會推薦每隔 21 天，就必須回來溫習，然後好好調整自己。

但以 21 天、49 天、108 天這樣的鞏固期來看，有人可能在

第四次來臨前，因為海外出差或者其他家裡狀況，他沒有辦法配合，於是就超過了 108 天。那下次該怎麼調？是不是又要從21 天、49 天、108 天這樣的循環開始呢？

其實，如果第四次後，真的又隔了很久，甚至一年以上，那真的之後還是要採取 21 天、49 天、108 天的周期。畢竟隔那麼久，心宅可能又已經累積很多髒汙，有許多負能量要清理，等於必須全新跑流程。

實務上，許多人經過調整後，事業真的變得非常順遂。當一個人賺大錢了，變得更加忙碌了。很多人就是這樣，當運勢開始乘風破浪呈現頂峰狀態的時候，可能早就忙到忘記元辰宮這件事，只有當他後來又碰上運勢比較不好的狀況，或者想要能量轉換的時候，才「突然想到」還有元辰宮要調。

我們的元辰宮心宅轉換其實跟我們的流年有關，所以就會變成若你下次來如果已經隔太久，那就要看你「被打回原形」的狀況是怎樣？有些人即便隔一段時間才來，但他看起來狀況依然還好，那就是看情況再來安排時間。

基本上，觀元辰宮的目的，就是解決問題。

談起能量鞏固期，這裡還要再補充說明的是，的確是依照個人狀況調整，例如對有經驗的人來說，「速度」的定義是不一樣的，例如曾體驗過或是其實他有學習過，那麼下一次再進入時，身體會有「學習力」，也就是速度會加快。同理，這樣的他，每當又有新的調整，隨著經驗累積，後面調整以及改善的速度

也會再加快。

舉個實際案例，有個大陸學員，本身是醫師，他因為興趣及助人的志向，組織起線上醫師群和護士群，這些群組都成了他的療癒群組，也針對他們的病患，做能量上的調整。這些人都很願意接受挑戰，喜歡去接一些特殊疾病的案例，好比說僵直性脊髓炎或者皮膚病、皮囊膽囊有症狀的。

當這樣情況下，這些被調整的病患，能量鞏固期就變成是 21 天、21 天、21 天，而經過實證，他們能量轉換後，和免疫力有關的白血球也變高了，或者他們的各項健康指數也都變好。

其實背後的道理都是相通的，那些病人，本都是被醫生照顧的族群，由於他們配合度很高，也就是說老師與學生互助協作力很高。他們就會讓自己的內在，去誘發自我療癒系統。當自癒力系統開啟，就會加快調整的速度。

這樣的情況，醫師團隊也會覺得有成就感，因為他們覺得幫助很多人，也覺得這是在做善事。

最後總結：每個人的能量鞏固期，還是因人而異，只是以大範圍來講，我們會希望依照 21 天、49 天、108 天週期，這樣子連做四次，讓你能量鞏固好，你的事業運、感情運各方面才會諸事順利。

# Q24 元辰宮能看多少次？可以自己 看元神嗎？怎樣最有效果？

　　你可能已經逐漸地感受到：觀元辰宮，可以因為能量的改變，進而改善我們的生活。但你是否會好奇，這麼好的事情，究竟一個人可以看多少次元辰宮？會有什麼所謂「一生的次數」限制嗎？還有可以自己看而不依賴老師嗎？效果又是如何？

　　關於「次數」問題，應該是受到中國神話傳說影響，好比說，有人說：「一生的福分是有定額的，用完了就沒有了」之類的傳說。

　　這裡先不管那些神話是不是真的，但至少針對觀元辰宮這件事，答案是：沒有次數限制。

　　一個人可以看好多次元辰宮，如果你學了正確的觀元辰宮方式，你甚至可以「天天」調整，只要你自己有用功、做功課，不怕累，為了自己好，當然次數是沒上限的。

　　例如有些人有睡眠障礙，總是睡不著覺並且每天還需服用一些藥物，這樣子的情況他可以觀元辰宮嗎？

　　答案是可以的，當他學會後，有些人會發現，觀元辰宮的另一個好處就是會讓一個人很好睡，因為原本的負能量被驅除，整個人做了能量上的調整，無煩惱無罣礙一身輕，就會變得越

來越好睡。

　　**調整元辰宮最主要是可以穩定住你的能量磁場，可以散發正能量，這樣不但能提升你自己，也可以影響周遭家人朋友，會因為你有好的能量。**

　　但關於如何調整，很多人問「自己」是不是也可以調整自己？其實老師並不太建議這樣做，如果你今天是來當個案的，因為每個人狀態不一樣，老師是針對你的狀況來去做調整，去做最適合你的「整體綜觀」，在通盤檢視你的能量場後，也會告訴你「這個要怎麼調？」、「那個要怎麼處理？」等，對當事人來說，最重要的是：回家後能夠維持狀態，這才是他該做的。

　　但如果是自己來調，可能無法拿捏分寸，人們可能都會貪心，想說我這回去，可以這裡加點什麼，那裡又添點什麼，但這些非專業的人不知道，隨著擺飾或者是你的能量場不同，這些改變會有很多交互影響，可能好也可能不好，如果是不好的情況，那你怎麼辦呢？

　　**如果你沒上過正規的課，回去最好就是把作業做得扎實，讓自己的能量維持在調整好的狀態就好了**，這也是我們會希望你自己把不好的東西清除乾淨後，不需要再去回顧不好的狀態是什麼，調整完後又是什麼？因為當你在回顧的時候，那些能量場的拉扯也會讓你的身體有些不舒服的反應。

# Q 25 如何知道自己的能量已經鞏固了呢？

我們觀元辰宮，都希望可以鞏固自己的能量，但所謂「鞏固」，有沒有一個評核標準呢？就好比在家裡煮開水，攝氏一百度會沸騰；汽車加油，油箱滿了也可以從儀表板上看出。但關於個人能量是否「鞏固」，要怎樣看見或知悉？

一個人是否具備能量，當然是很抽象的，但其實這又是可以一眼看出的。例如一個人活力充沛，或充滿朝氣，你一看就知道，可是這個「知道」能否變成一個「評量數值」呢？那不太可能。

其實能量鞏固期，若你每一次進入的時候，都能夠是處在同樣的「穩固」狀況，這當然是最好的，表示當事人的狀態是常態穩定的。這就好比汽車上回保養後，這回再進場，狀況依然不錯，頂多更換機油就好。

所謂能量調整，有可能剛開始在調整的時候，你初始的狀態不是很好，若以一百分為滿分，你當時的狀態可能是只有20分、30分或是更低，但調整後，你整個人就有8、90分了。

那個差距是如此的大，可能不單你自己有所感覺，你身邊的人看到你也都會覺得你「不一樣」了。

慢慢地你下一次再調整時，因為你的環境周遭，可能有一些人有些不好的能量，比如說不巧有人出車禍，或者某個朋友或家人往生等，因為人與人間，彼此能量都會影響，那麼一段時期後，你的能量值由原本 80 分的往下掉，可能掉到剩下 60 分。那麼再下一次的調整，就是從 60 分調回到 80 分甚至 90 分。

但當這樣的時候，感受可能就沒這麼強。畢竟，雖然同樣是能量值提升，但差距這回只有 2、30 分。

觀元辰宮的時候，你會發現你元辰宮的狀態，有一些是穩定相同的，有些地方則可能還是會有些亂七八糟的垃圾或者是有一些蜘蛛絲，也包括可能有一些其他的不好的干擾，那時我們就是一樣要把它清乾淨。

總之就是不斷地，邊微調整邊擴張，基本上擴張是一件好事。但當你的格局越來越大的時候，你也是要去維繫擴張後的自己。

我教學員的時候，一定鼓勵他們要內觀。內觀自己、調整自己，讓自己的心性比較穩定，當你的心性穩定的時候，你就可以覺察自己的狀態。

當那樣的時候，什麼是外來的干擾？什麼是你本身內在的狀況？你自己會很清楚，也能夠分辨它們的差異。

到那時，當你自己在調整，就比較不會受到外界的干擾，也能較迅速地回到自己「原本的狀態」。

另外，所謂擴張的過程，也就是改運的過程。主要是看個人體悟，如何知道自己能量鞏固了呢？這點也唯有自己能感覺到。

當事人會慢慢地比較，去體悟，什麼叫做跟內在的自己能夠好好地「貼近」，他們可以好好依照自己「想要的樣子」去擴張那樣的境界。

　　想擴張自己的意識、改變自己的命運，那就好好的觀一下心宅吧！

# Q26 為什麼給老師帶領觀元辰宮，時間過得很快？

感覺有點神奇，當老師親自帶領我面對面調整元辰宮時，會感覺怎麼一個小時過得那麼快？好像沒有調太多的景點，但是時間咻一下就過去？

時間，本來就是屬於第四維的座標，感覺因人而異。當人們快樂時，有時候會覺得怎麼時間過得那麼快？相反地，當覺得很痛苦時，就會度日如年。不過，當在觀元辰宮時，那種時間過得快的感覺，又是另一種情況。

實務上，的確很多學員，覺得來觀元辰，時間過得特別快。因為每個人在進來的時候，都會看一下時間，然後離開的時候再看一下時間，真的，怎麼一小時就這麼過去了？

為什麼會感覺時間過那麼快呢？主要是因為當我們處在心宅時，在那個「心靈維度」下，會有時空扭曲，在這樣時空扭曲情況下，我們每個人的體驗感是不一樣的。

這裡我又要舉電影的例子，相信大部分人都看過李奧納多演的那部《全面啟動》，片中描述：在「深層睡眠」中，一層又一層的時間感是完全不同的。基本上，每下一層的睡眠深度，時間向量都會拉很長。在夢裡你感覺經歷很長時間，實際上現

實生活中只經歷一小段時間。

　　雖然是科幻電影，但實務上的觀元辰宮，也有類似的概念。可能一個人原本內在很髒汙，所以他的心靈處在痛苦中，當獲得清理，那是種放鬆愉悅的感覺，就會覺得時間怎麼過得特別快。當他一起來看時間，咦！怎麼時間已經過去那麼久了？

　　但同時，你的心是愉悅的。

　　所以能量狀態的改變，也會讓你的體驗速度感非常的快，這就是我們講的意念，你會覺得時間過得比較快。

# Q 觀元辰宮有效嗎？

　　雖然這問題聽起來太「務實」了，但畢竟花了時間投入一件事，仍會想知道，我們觀元辰宮這件事，真的會對我們有幫助，真的有效嗎？

　　商業社會的「效率觀」，也經常影響每個人的價值觀，但我們在世上不能凡事都問有效嗎？例如談愛情，如果只為了效用，那愛情就不會長久。像家中親人彼此間，也不該談效用。

　　但這並非是說觀元辰宮「無效」，若無效，就不會有那麼多人願意長期持續觀元辰宮了。

　　這裡要強調的是，每個人內心都有自己的運作模式，世界會因為你的內心而有所改變。好比你心情低落，那麼即使外頭正在鑼鼓喧天歡度節慶，你也依然覺得這世界很灰暗。但當你內心很陽光，就算外頭颱風下雨，你仍會覺得這世界很陽光。

　　觀元辰宮，其實也是一種和「心」密切相關的事。必須要當事人自己內心能準備好，也就是說當一個人的內在若準備好了，代表一種「相信」，那麼觀完元辰宮後，運勢也會跟著改變，也就是所謂的「有效」。

　　講到這，已經牽涉到宇宙運作的道理，例如太陽明天會從東

邊升起，這件事你覺得理所當然，因為你打從內心就很相信這件事，也的確明天太陽依舊會從東邊升起。

宇宙道理是這樣運行的，**人心也是如此。我們自己的內在，有的時候會幫我們鋪好路，準備好因應的工具：那就是我們的元辰宮。但重點是你願不願意去做呢？當你的潛意識給了你我較高的智慧，也就是維度比我們高的智慧，你會不會去執行？**

所以我們每次觀元辰宮，不單單只是觀元辰宮，一定還會提出作業，並且要求學員，回家作業好好執行。

只要好好去做，那麼你的運勢就會因此而有所改變。

這樣子你的結果，就會是「有效」的。

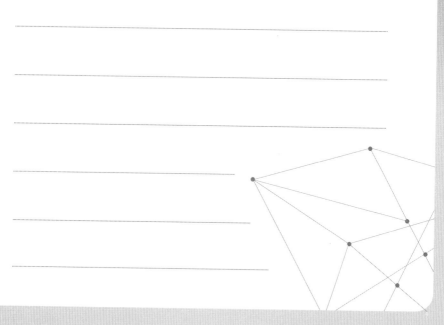

# Q 元辰宮調整多久會見效？

接下來這問題依然很「務實」。接續著前面的問題，如果觀元辰宮「有效」，那要「多久」才會有效？十天半個月，還是需要更久？

其實這也是商業社會讓人們養成的習慣。例如找師傅來油漆牆壁，會問多久會好？去看醫師，也會問吃藥多久會好？就連送孩子去補習班，也問孩子多久成績會進步等。

急著看「結果」，這無可厚非。然而，觀元辰宮這件事，所謂成效結果，主要還是看當事人自己。

這件事真的難以做「比較」。以我們的學員來說，因為每個人的起始點不一樣，也就是內在的單純程度是不一樣的，就算兩個人一起來觀元辰宮，但他們的背景，可能從小到大各自經歷不同的家庭環境及歷練，出社會後，更面臨不同的學習環境、社交環境及工作環境，所以每個人回歸到自己的原始點，也就是內在源頭的時候，有些人會需要花比較多時間去跟自己親近，有些人就不必。

就好比某甲跟某乙，甲的生活環境很複雜，跟許多女子有曖昧關係，以及牽扯出麻煩的人際紛爭，相對來說，乙就是單純

的上班族，勤奮踏實，內心陽光。那麼這兩個人，觀元辰宮的結果肯定不同，一個要清理很久，另一個則不必。所以要多久才「見效」呢？

我們總是鼓勵，當你願意跟自己親近之後，才能做轉運的顯化。

我們在觀元辰宮調整的時候，是協助大家先去「看見」自己，然後去「認識」自己，在這個過程中，當然也會遇到一些問題點，例如前例的甲，可能問題點就很多。處理問題外，也會去做轉運，就是擴張自己內心那個可以讓自己「未來會更好」那一部分。

再來舉一個跟顯化背景條件相關的例子：我們會發現有很多小孩子，他們顯化速度就是特別的快，為什麼呢？因為他們很單純，可以很自然地就把自己的心念，包括想要的、想說的、想做的，直接展現出來。他們想到和做到間，比較直接，可能一想到什麼就會立刻去執行。

所以再次強調，當我們觀完元辰宮後，老師都會開立作業給學員，關於這個作業每個人不同，但有些要求是共通的：

### 請感謝你內在的神明

看你的神明是哪一位，或者不說是神明，就說是指引你內心智慧，那個開導你的「超我」。對於這個主神，要去感謝祂，跟祂多做連結。

### 持續 21 天，每天兩杯溫開水

這個部分是為了自己內在內觀，然後調息自己所需要喝的溫開水。

以上這兩個是基礎的，然後每個人後面還有不同要求，可能依照每個人不同的狀況，有不同的課題，也就是會有不同的作業要做。

唯有每個人認真針對這些事，真正落實慢慢去執行的時候，後頭顯化速度才會加快。

我們經常有學員協助親朋好友，就發現好比說她的老公，怎麼顯化速度那麼快？調整之後，很快就接到訂單，可能上午才剛調整，當天下午就應驗。

這樣夠有「效率」吧？

當然也有情況是，有一些人可能要晚一些，好比有人想透過觀元辰宮，讓自己找到心儀的另一半。但觀完元辰宮了，之後等過了一個月又一個月，感情上還是沒下文。於是學員就來問老師，不是說調整元辰宮後，可以有男朋友嗎？但目前還是沒有啊！

那是為什麼呢？原來她以為，只要「在家」等，就會有男友出現，難道男友會從天下掉下來嗎？或者男友是郵差或快遞會自己送上門嗎？

不論是金錢或感情，都不是「等」出來，觀元辰宮時我們都

要知道：是要靠自己去掌握命運，也就是你要創造機會，然後「出去」和這些機會相遇。

比如說有些社交應酬，她到底有沒有去？她有沒有把天線打開？認真地在她的生命周遭去搜尋真命天子？

當搜尋時才會去注意：是否這裡有符合當時她在元辰宮裡看到的「那個他」，因為你自己親自進到元辰宮，有些人就能看到未來另一半的模樣。

另有一種情況是：有些人觀元辰宮，也知道自己會有另一半，但他內心有恐懼，覺得自己「不配」，還沒相遇就自己告訴自己，那種美女怎可能喜歡我？就算宴會上遇到了，根本不敢主動邀約，連電話號碼都沒得到，怎麼會有姻緣？相反地，若真心相信觀元辰宮，那麼機會可能出現得很快，可能觀完元辰宮，隔天就剛好有朋友說想介紹他的表妹給你，還用手機秀照片給你看呢！

真的是好能量一串接，奇蹟就無時無刻的在發生。

透過我們的觀元辰宮調整後，接著請敞開自己，更認識自己，你的顯化速度才會更快。

總之，多久才會有成效？結果取決於你自己。

# Q29 可以每天觀元辰宮嗎？

我真的對觀元辰宮越來越有興趣，想問老師，可以每天都觀元辰宮嗎？

如果你已經學過元辰宮，並且你也做過專業的學習，那麼當然，你可以回到家後，隨時靜下心來，自己「每天」調整自己。

這樣的你，能夠做到時時覺察自己，時時調整自己，然後你就能當個幸福小衛星。

**什麼是幸福小衛星？**

**我們常常講修身齊家治國平天下，修身，就是修正自己的行為。好比你藉由觀元辰宮調整好自己，當你修正行為時，就是做好修身。然後再以自身為核心，往外擴散到第二個環節，也就是你的家人親朋好友，接著繼續擴散出去，所以稱這樣的你為幸福小衛星。**

所以以你自己學過專業技術，當然可以去幫助周遭的人，也就是修身齊家然後治國。這裡所謂的治國，是你自己的王國，所謂自己的王國，比如說你的公司同事或者是自己的事業體，都可以好好以你為核心，擴散影響力去對第二圈、第三圈相關的人做調整。

另外，所謂平天下，則是指讓自己心情處在比較平靜的狀態，也就是無為的狀態。

　　那麼，如果每天可以調整，形式是什麼？那關乎每個人的覺察。

　　有些人是早上一次，晚上再一次，有些人則想要更頻繁些，當然有些人是覺得平時生活很忙，他只能晚上練習等。

　　自己調整要多久才能做好心宅清理呢？我們曾有學員花兩年的時間，才把他自己的元辰宮，仔仔細細打掃一遍。而打掃乾淨後，他在靈感的連結上會非常迅速、非常有感覺的。實務上，他的腦袋容易出現靈感，還因此得到發明獎項。

　　總之，我們觀元辰宮，也好似我們做人做事的態度，就是說你要願意先對自己負責，先把自己調整好，可以天天調整自己。然後以 21 天、49 天、108 天的週期，回去找專業的老師維護自己的能量。

　　然後慢慢地讓自己的未來越來越拓展，越來越好。

　　當然，以上僅限有專業學習過的人，一般學員還是建議找專業老師，來處理自己的能量。

# Q<sup>30</sup> 每個人都有適合觀元辰宮的時間嗎？

老師，我想請問：既然世間有各式各樣的人，每人的資質天分以及習性不同，那麼，不同的人觀元辰宮是否有各自最適合的時間？

從實務來看吧！以我們的學員來說，他們在調整完元辰宮後，我會鼓勵學員在家一定要進入 21 天鞏固期，然後內觀自己、整理自己、調整自己。在這 21 天的調整時期，有些人是一睡醒就做內觀，因為對他來說，早上最有精神，所以一大早他就很自動的清醒，時間選擇上，有人是選擇清晨五、六點，有人是六、七點上班前。

經過調整，一個人精神狀況明顯會更好，可以因應一整天的工作挑戰。

調整的模式，可能主力先是大廳加廚房，或有人是大廳加主臥房。因為大廳掌管大運，是基本要調整的。如此，當他的基本能量穩定住了，他就可以往下一個景點前進。

有些人可能本身是家庭主婦，那她就更沒有時間限制，可以完完整整把元辰宮觀完，那樣的話，或許就會觀得很仔細，也打掃得很仔細，這些會花掉她很長的時間，也許感覺一下子，

就一個半小時過去。

以上是選擇早上觀元辰宮的類型，但也有人選擇晚上，例如有些人就是一整天上班，白天匆匆忙忙，忙碌到無法靜心，只可能在回到家後，選擇在晚上睡覺前內觀，心想，反正都已經躺在床上，就趁機內觀自己吧！也許觀著觀著，因為太累就睡著，那也沒有關係。

從以上我的學員案例，知曉的確我們每個人的狀態，真的都不一樣，所以調整時間也不一定。

此外，**關於適合調整的時間，當節氣與節氣間轉換的時候，其實就代表那是最混沌的時間，在那這個時間是最需要做打掃的。**

我通常也都會主動透過學員群做提醒：今天很適合打掃！今天能量星象很好，趕快來打掃一下元辰宮吧！

基本上，若是我的學員群，我都會是先發預告給我的學員。至於尚未開始學元辰宮的朋友，我的建議，你要選擇你覺得適合的時間，準備好你的「狀態」，然後預約老師，由專業老師引導，他就會帶引你，而且會教你怎樣更快速地進入心靈殿堂元辰宮，來打掃你的心靈風水。

# Q31 觀元辰宮時睡著了會有怎麼樣的影響？

老師，怎麼辦？我昨天自己觀元辰宮，觀著觀著睡著了，會有什麼負面影響嗎？

睡著？那很好啊！人們比較煩惱的，其實是睡不著吧！

例如，有些人就跟我說：「老師，我有睡眠障礙，躺在床上會睡不著。」這樣的學員，當他來學習元辰宮後，就可以在他自己的床上內觀，微調自己的狀態，然後調著調著，當調到心宅大廳時，就睡著了。

醒來後，他會在學員群裡問：「老師，我睡著了怎麼辦？」

我就會說：「沒有關係。睡著了，就代表你身體在修復，所以你就好好的讓自己睡個覺吧！潛意識會繼續幫你工作，明天再從你斷掉的地方繼續打掃就好。」

當然，一個人調元辰宮睡著後，下次再進去，如果這時你的精神狀況比較好，那你可能就多花些功夫，針對上回睡著時調理的那個點，比如說大廳，重新再看一次，這樣會比較好。等真正確認已經維護得很好，再往下一個景點前進就好。

# Q32 觀元辰宮有後遺症嗎？

我們知道吃藥會有後遺症，參加很多活動也會有後遺症，比如說出國旅行太興奮睡不著覺等。觀元辰宮也會有後遺症嗎？

答案是有的。觀元辰宮的確會有後遺症。

具體的回應是來自我們實際觀元辰宮學員的反饋。

其實我也經常在上課時，直接告訴學員。觀元辰宮會有兩個後遺症：

## 忍不住想打掃家裡

在我們調整完元辰宮後，很多人覺得內心乾淨了，所以回到家裡後就會忍不住，也想要開始打掃「真正居住」的家。

實際案例，之前我們很多學員的先生，還會特別來電或來函感謝，說他妻子因為來參加體驗會，原本家中有些地方，例如陽台堆放許多雜物，講好幾年了，妻子都懶得處理，沒想到這回觀完元辰宮後，回家就勤做打掃，也把陽台清理乾淨。

## 逛街買東西

比較上，這一點，可能那些觀元辰宮的學員，她們的先生會

比較不喜歡，那就是：學員可能會變得更愛逛街買東西。

　　為什麼呢？那是因為在調完元辰宮後，人們心中有了更多期許，好比逛 IKEA 或家具賣場時，就會忍不住想：這個燈好漂亮，如果我元辰宮裡有這樣一盞燈應該不錯，其他包括餐桌啦！沙發啦！都會有這類的聯想。或者想換掉床墊的花色，因為逛街看到有個自己想要的樣式。

　　有時候老師會開玩笑地說，觀完元辰宮後，出門逛街要把信用卡收好，這樣才不會看到什麼都想拿出來刷。

　　現實生活中，也真的有學員，例如有位律師，觀完元辰宮後，大約隔了一年，他把自己真正的居所，布置成跟他的元辰宮一樣的形式，就好像自己真正住到元辰宮裡了。家裡的沙發款式、廚房格局等，都比照辦理，那就是他喜歡的樣子。

　　當住在自己心儀的所在，他真的變得非常開心，能量也顯得特別強。

# Q 感覺被下咒觀元辰宮有用嗎？

覺得被下咒了？不知道是不是自己疑神疑鬼？但即使是真的，這時候觀元辰宮有用嗎？

其實任何人碰到任何的「狀況」，包括人際關係不佳、財運很差，或者身體上的，包括經常頭昏、人容易疲倦。不論是不是被下咒，只要有「狀況」，都可以來觀元辰宮。

甚至，這種時候更需要來觀元辰宮，就好像你都已經知道自己生病了，就不要再問自己該不該看醫生了。

透過觀元辰宮，觀你自己的心宅，然後在導師的協助下，讓自己的狀態調整越來越好。

# Q<sup>34</sup> 觀元辰宮會減壽嗎？

提起元辰宮，似乎牽涉到「超越人間」的「鬼神能量」，而在中國傳統的觀念裡，好像有所謂「用人力去干涉天命會折壽」之類的警語。

我們個人去觀元辰宮會減壽嗎？

先說結論：觀元辰宮不會減壽，沒有所謂干涉天命，而只是透過「更高的維度」去觀看自己的靈魂之家。

我們每個人的資糧福田這一塊，是非常豐富的，我們的內在會源源不斷地替我們創造很多新能量，所以當你的心態好、能量好，你就可以避免很多危機或者是意外災害。

事實上，經過這樣分析你會發現觀元辰宮，不但不會減壽反而會增壽。

畢竟，我們的壽命跟身體健康有關，當我們因為調整元辰宮，讓自己的心情更平穩，讓整個人狀態更好，達到身心健康愉快，自然也對長壽保健更有益。

你會發現你越內觀越內定，或者是你越知道自己身體狀況的人，通常都比較能預知到你的壽命大概有多長？在我的觀元辰宮學員裡面，我都會教他們這些技術。

所以觀元辰宮我們有很多的案例，例如當事人可能已經在醫院被醫師宣判，他的壽命只剩幾個月，或者依照他的內臟情況，醫師判斷大約只剩幾年的壽命。然而當這位當事人學習元辰宮後，他願意真心誠意的面對自己，調整自己的生活型態，當他真正做到由內而外重新改觀，實際上，他後來的生命就延長了，遠超過當初醫師判定的時間。

　　**所謂生命，當然是植基於生命力。當我們調整正能量，實務上，也就是在增加生命力。理論上，我們每個人的生命都可以因此去做調整，每個人在這世上，都有權用自己喜歡的方式，活出自己想要的樣子。**

　　此外，就算以現代醫學的角度，我們也都知道，當一個人處在開心的狀態，整個人的免疫力就會增強，包括遇到傷害後的自我修復力也變強。在我們這觀元辰宮的學員，有些人每當天氣寒冷，就會手腳冰冷，但調整完元辰宮後，甚至當他在觀入的時候，就有「氣」會上來，調理他的脈輪，讓他全身發熱，由冰山美人變成溫暖美人。而醫學也告訴我們，癌症喜歡乾寒的體質，當體質變溫暖了，那些絕症也就遠離了。

　　總之，觀元辰宮有益身心，絕不要煩惱觀元辰宮會減壽。

# Q<sub>35</sub>

# 進去元辰宮成功機率有多少？

其實，我有點害怕，如果大家都進得去，我卻進不去怎麼辦？觀元辰宮有人會「失敗」嗎？或者成功跟失敗有沒有統計過的百分比？

觀元辰宮，的確不是人人都可以很順利觀入。然而，這也畢竟不是什麼冒險或牽涉到生命安危的事，初次參加者，還是應該儘量以平常心看待。

有句話說，心想事成。若是有一個人內在不斷告訴自己：「我進不去，我進不去」，很遺憾地，那結果可能就真的是進不去。畢竟，那是你的「心願」不是嗎？更何況我們正要進去的是「心宅」，你的信心，真的很重要。

所以你一定要知道一件事，如何觀元辰宮，我們是有教方法的，如果你願意遵照老師的指示。了解自己的特質，也就是從五感六覺中，先確認自己以哪種方式進去最適合，例如有的人視覺感比較好，有些人聽覺力比較強等，那後續就會比較順利。

當然，這些都只是進去的方法，但觀元辰宮的主要關鍵，還是問問你自己，「有沒有想要成功」？你有「多想要」去觀自己的心宅？

依照我們多年的實務案例，只要你具備這樣的信念，就一定可以進去。雖然我通常都會講，這世界上的事沒有絕對百分百，但是在我們這邊，是真的有非常高的機率，能夠很安全的引領你進入到你的元辰宮。只要願意透過學習與釐清，會越來越增加觀入時候的清晰度。

# Q36 左腦比較發達的人，是不是比較難觀元辰宮？

其實我擔心觀元辰宮可能會「失敗」的理由，是因為我是個工程師，人家總說我的思考方式太科學、太一板一眼了，這樣過於理性的我，也能觀元辰宮嗎？

許多人都聽過左腦人、右腦人的說法，科學也已證實，我們人類的左腦天生就擅長語言、邏輯、計算等，而右腦天生則擅長想像、藝術和直覺等。所謂左腦比較發達，對應的就是這樣的人：一切都以科學為依據，講求務實證據，排斥浪漫幻想。如果一個左腦人來觀元辰宮，那麼，可能有很高的比例是來……踢館的吧！

其實，並不是算術很好，或很工程師性格的人，就會排斥元辰宮。因為只要是人，都會有信念，都會需要照顧自己的心宅。而且不論是左腦人也好、右腦人也罷，初入門時，要學的東西都是一樣的：都必須先了解自己眼耳鼻舌身五種感受，再加上一個意念，也就是六覺之中，怎樣才是最適合自己進入元辰宮的方式？老師也都會認真做指導。

相信一個左腦型的人，理論上會是聽覺特別發達者，他們往往一進入元辰宮，連很低頻的聲音都聽得到，接著就可能會聽

到有管家或神明跟他對話，從中他能逐步了解到，自己心宅的門是什麼顏色的？門是怎樣的形狀？是拱門還是方形門？

而聽覺型的人，往往他退後一點點，就會是感覺型的人，他可能有能力在元辰宮中配合動作，創造那種閃一下就不見的畫面，然後類似科技電影情節那般，將這些畫面以照片拼貼方式，逐步構建組合畫面，讓自己能看出他的心宅建物架構。

左腦人可以怎樣訓練自己？其實聽覺型的人就是剛好在視覺型和感覺型中間，相對於視覺型的人看到畫面，感覺型的人必須帶點動作。左腦人的觸覺感要多點，甚至觸覺味覺要多訓練，然後舌頭的味覺也可以多提升。

我會鼓勵聽覺型的客人，回去可能要學習「把各種感覺找回」來，比如吃飯的時候，可以把食物分開吃，並且透過一再咀嚼的方式，用舌頭去品嘗那些食物在你舌尖上的口感，然後味覺也是一樣，都必須做訓練，提升敏銳度。還可以用手去摸，感知手感觸覺。漸漸地，當他「感受性」找回來後，他自己在觀元辰宮的時候，所帶出來的畫面，也會越來越強烈。

這裡老師舉出過往實際的案例：

有很多左腦型的學員，在他們剛來的時候，我們都會請他們配合我們的方式，逐步引導他們，等逐漸順利後，他們後面就會改用自己的步調。

因為左腦人心性愛質疑的性格，他們很多人初來的時候，有人會感到害怕，擔心「看不到」怎麼辦？

老師就會開導他們，所謂看不到，其實是「自我暗示」看不到。當你自己越暗示自己看不到，就越害怕看到，然後乾脆就變成不要有畫面就好，因為如此，所以才會說左腦型的人往往就會變成以聽覺型的方式來觀入。

但之後隨著老師指導，當事人也願意配合，懂得藉由感知型的方式來感覺，逐步帶動畫面，他的畫面就會左一點右一點，有點像閃彈式的煙花，然後就會拼貼出畫面來。

剛開始很多人說，老師我無法像視覺型的人那樣看到心宅全貌，比如視覺型的人進到大廳可以看到窗戶在左邊，神明廳在右邊，這邊還有餐桌椅，那邊有古董椅等。但也許同樣的場景，感受型的人這邊看到桌椅，但閃一下就不見，主要都是局部聚焦型式，那樣的情況也可以想像成是一幅拼圖，他們就是東拼西拚無法拼成一個整體的畫面。

當然，這不是永遠如此，只要經過訓練，都是可以提升的。

的確，左腦型的人，可能顧慮比較多，對觀元辰宮有阻礙。也就是說，要整個觀完元辰宮，花的時間或許會長一點。但只要遵循我們專業老師導引，在此協作關係下持續互動，內在可以學到很多。

重點是相信老師，也相信你自己。

**Q37 進得去一定出得來嗎？會不會卡在裡面？**

不知道這樣問，算不算是笨問題？有沒有可能像電影一樣，進去一個迷宮，然後⋯⋯找不到路出來。觀元辰宮會這樣嗎？

會有「進去」、「出來」這樣的對比，相信主要是受到電影的影響。

很多科幻電影，可能進去什麼魔界、什麼藏寶宮殿等的，進去容易出來難，可能被妖魔鬼怪纏住、或是落入什麼時空漩渦等的。

若以純中國的古典想像來說，則主要是受鬼片的影響，特別是觀元辰宮常和「觀落陰」聯想在一起，既然是進去陰曹地府，那似乎只要閻王「不放人」，或者魂被「勾走了」，人就會回不來了。古典小說裡也的確有這類修道人離魂遨遊，結果一回來身體已被燒掉「回不去了」的情節，例如八仙中的李鐵拐就是如此。

無論這些情節多可怕，都跟觀元辰宮沒有關係。第一，我們觀元辰宮，但沒有什麼「魂魄離體」這樣的狀況，第二，觀元辰宮，不是上天入地的概念，觀元辰宮，是觀自己的內心。

實際狀況是，任何觀元辰宮的人，隨時可以睜開眼睛或閉上

眼睛，若真的沒安全感，你要每隔一段時間就睜開眼睛再閉上眼睛也可以。

　　整個過程，他其實可以透過學習的方式，知道自己如何跟自己內在對話，可以用很安全方式進入元辰宮，然後出來，並不限次數。

　　甚至剛學習觀元辰宮的人經常會問我說：「老師，我怎麼感覺一下子就進去了，可是也一下子又出來了？」

　　那是因為他還不習慣。如果已學習過、懂得觀元辰宮的人，就不會心浮氣躁可以很快的定下來，隨時調整自己的情緒，讓自己處在比較安穩的狀態。

　　觀元辰宮，其實是種修練，都在自身體內，沒有安全性問題。當外圍環境一直不斷告訴我們，這世界有很多的混亂，我們透過學習觀元辰宮，反而能讓你靜下心來，從裡面提煉你的智慧。

　　我們常講定慧，就是要去學習沉穩的定，然後提煉出智慧來。

# Q 38 為何調整元辰宮後，身體有不舒服的現象呢？

想請問老師，觀元辰宮這件事會不會影響到身體？似乎有人觀完元辰宮後會嘔吐，若出現這類現象，該如何處理？

的確，有些人觀完元辰宮後，會有身體不適的現象。包括，有人會拉肚子，有人會想吐，有人會頭痛等。

為何會有這些情況發生呢？總體來看這都是在調整身體時，必須適應的過程。就好像我們知道，一些要戒毒、戒菸或戒酒的人，也會碰到一些「戒斷」狀態。又或者有些時候，病人服藥，會有排毒過程，當身體把內裡不好的毒素排出時，這時就會有拉肚子或嘔吐等症狀，那其實都是新陳代謝的自然過程。

當人們來登記觀元辰宮時，都必須填表單，表單上就有個選項，問當事人「有沒有服用藥物？」，以及本身「健康狀態好不好」等，也包括：有沒有喝酒習慣，或甚至有沒有服用毒品。

老師也會基於這些了解，知道到時候你的身體基於生理代謝，可能會有某些「觀後症狀」，或許有人回到家會瀉肚子，或想要嘔吐等。

曾經我們有客人來觀元辰宮，她本身從事的是八大行業，體內酒精含量很高，來觀元辰宮時都還聞得出她身上的酒氣味，

面容上也是帶著黑眼圈，精神不佳。

在整個觀元辰宮過程裡，她每隔一段時間就會想嘔吐，趕快衝進廁所，吐完繼續觀，之後再衝廁所。神奇的是，外人會明顯發覺，她最後觀完元辰宮，氣色變好了，甚至黑眼圈也比較消失了。

當然，這是比較極端的狀況，也就是說，她的代謝在「觀」的過程裡就已經發生了。一般朋友碰到的情況會比較輕微，甚至沒什麼症狀，可能就是有的人覺得有些頭「重重的」，因為他平常就是用腦過度，或是左腦型的人。

當觀元辰宮的時候，因為我們是誘發人們的潛意識，讓他左右腦整合連結，所以當事人有種後腦勺好像被重擊的感覺。像這種時候，表示身體在告訴你：你的大腦需要好好休息了，放過自己吧！讓自己好好地回家調整休養。

無論如何，觀完元辰宮，記得每天喝兩杯「愛的能量水」，上面有愛心的那種，並且內心想著「我愛我的身體」，喝完水，讓身體慢慢地去做新陳代謝，明天會讓自己感覺更好。

# Q<sup>39</sup> 觀完元辰宮沒感覺，是因為老師功力不夠嗎？

相對於上一題的狀況，如果一個人觀完元辰宮，什麼感覺都沒有，那又是什麼情況？

也真的曾有人來問這樣的問題，這是屬於比較尖銳性的問題，直接質疑老師功力是否不夠？因為當事人說，他觀完元辰宮，覺得跟他原本當初一樣，沒什麼改變，沒任何感覺，甚至表示他很失望，原來觀元辰宮「不過是如此」。

難道真的是老師功力不夠嗎？當然不是，而是來觀者功力不夠。

因為觀元辰宮這件事，我們一來就告訴學員說，一定要透過「學習」。眼耳鼻舌身，由下往上打通，所以每個人第一次來的時候，他可能一開始就是屬於感覺型的，他看到的畫面有閃放的感覺，但能觀到的有限，必須逐步練習，到比較後來，才會練到廣角型的什麼都看得到。

往往有些客人來，他可能對自己期許很高，覺得自己很棒，屬於自我感覺良好型的那種人。他可能已預設立場，我一定能怎樣，而實際上操作的結果，當不如自己的預期時，所謂「期望越高，失落感也越高」。

當有這類案例，也是在凸顯一件事，表示這樣的人，平時做事時，是不是也是「對別人期許很重，要求別人太多，反倒對自己要求很寬？」

　　在觀元辰宮的時候，就可以知曉，原來你是這樣子的人。

　　重點在能量調整好之後，一定會有轉換期，所以一個人可能今天才剛來調整，白天離開，晚上就來追問。那代表什麼？代表這個人非常急躁，完全不允許「沒察覺任何變化」，其實此刻已經反應出這個人的問題所在。

　　同理，不同的人會有不同的問題。例如有人提問，說剛觀完那天，回家昏昏沉沉睡了一整天，但醒來後，並沒有「感覺」比較好。其實每個人對於「覺察自己變好」這件事，不是不覺知，而是覺知的方法不一樣，想想，有些人因為很久都沒有辦法好好睡，所以調整完之後那一夜好眠，就代表身體被調養了，但他本人卻不覺得這是「變好」，那真的就是個人覺知及涵養問題。

　　同樣的狀況，有人則是很感恩地說，我終於可以好好睡一覺了，反映出當事人內心是正向的。

　　每一個人的心念，因為正向、負面，而結果有所不同。

　　我也經常舉例，就像孵豆芽一樣，我們小時候都有做過實驗，當你在孵豆芽的時候，其實豆芽是慢慢在轉變的，但也絕非「轉瞬間就長高」，所以等待豆芽長大是需要時間的，是要求主人必須等待的。

在等待的過程裡，老師都會開作業給學員。每個人的作業有沒有做？或有沒有確實的做？你有沒有開啟你的感官力，去觀察生活中的變化？這些都有影響。

我們有一些客人他們來觀元辰宮，自己說自己「沒感覺」，但實務上，他身邊周遭的朋友都會告訴他：我覺得你好像有點不一樣，但是我又說不上來，感覺你就好像有點……反正就說不上來。甚至有人問，你是有去做微整形之類的嗎？

這就是改變，只是當事人不一定感知得到。因為那樣的改變，不一定是大幅度的，好比說本來一身汙垢，立即被清理煥然一新。而比較是從每個人的內裡，在幅度不明顯狀態下做調整，我們人人都是從內在改變我們對待生活的角度，以及看事情的方法態度。

當你的態度不一樣，你的姿態也會不一樣。對於你熟悉的人來講，他會覺得你有一些變化了，但是又有種「說不上來」的感覺。你要說微整形也算，但不是面容上的微整形，而是「內在微整形」，這個微整形代表一個個的「小變化」，累積這些「小變化」就會形成「大幸福」。

具體表現在生活上職場上，可能突然之間有些人職位上得到躍升、有新的金錢收入進來，或開始有形象好的男孩來追求自己等。

當事人其實過往內裡能量不穩固，現在已經被穩固了，即便當事人說「沒感覺」，改變，還是真的發生了。但每個人也要

懂得感恩，這樣才能跟宇宙有更進一步的連結。

也建議每個人，都要有負責的態度。不要一味把自己的失望，怪罪到別人的能力上。

就好比，觀元辰宮，老師是一對一對學員負責。

但學員本身，也是一對一，要對自己負全責。

# Q40 元辰宮出現的陌生人是誰？

在元辰宮裡面如果出現不認識的人，那是「什麼」？

提到「陌生人」，這裡就要談談，許多非專業的觀元辰宮會碰到的情況。

很多朋友可能在其他地方，經歷過其他老師引導或者是有一些很「神奇」的經驗。我們聽過最離譜的是，有兩個人共同幫這位朋友看。其中一個自稱專業的引導師，另外一個則是靈媒，號稱可以幫你「看見」。就這樣，當觀元辰宮時，是三個人一起進行。引導師只引導，但他什麼都看不見，那位朋友負責進去感覺看看，另外一個自稱「看得見」的所謂靈媒，就號稱用靈視力來協助。

問題是，這些所謂具備「靈視力」者，他可能沒有學習過元辰宮的專業技術，所以這樣的觀元辰宮，就會有奇怪的互動。其實那位幫朋友看的所謂引導師，本身是有學過觀元辰宮的，只是他對自己比較沒自信，想要多找點人來試試，也就是讓他練習的白老鼠，被找來的可能是他的親朋友好友。所以當他說他會「引導」，實際上並沒有全心投入在個案身上，反正就是「試試看」。

這裡我特別強調，觀元辰宮是必須很認真的，如果只想「試試看」，效果通常會很慘。因為參與者沒有誠心誠意，本身也處在惶恐狀態，甚至未來會面對什麼，都沒什麼概念。

那一次他們的經驗，一推開門，以為應該是回家準備觀心宅。卻不料，一進去，屋裡烏漆墨黑的，完全沒有燈，不像家，倒像是鬼屋。突然間，一個穿白色衣服長髮的女子走了出來，當事人嚇得瞪大眼睛看看引導師，但那個引導師被問之後也愣在那裡，而那個「靈視力者」就說：「啊！那個是女鬼！」

請記得，每個人的語言一說出來是有力量的，那女子一但被「定義」是鬼，大家就開始起雞婆疙瘩，覺得「一定是」女鬼。

這時反倒是被當做白老鼠的當事人，內心產生疑問，對方真的是女鬼嗎？好像不是但又好像是，但被「靈視力者」說成鬼，於是一害怕就退了出來。至於引導師的反應：他是說這一次沒有觀入成功，不算數。

但是後來，他們又繼續嘗試，仍然會碰到這個情況，就是有一個白衣服長頭髮女生來接他，大家一害怕又退出。

最終這位所謂引導師，其實也是曾來我這上課但沒學到位的學員，親自來我課堂說明情況。我反問他，穿白色衣服長頭髮一定是女鬼嗎？當然不是啊！我們有多少仙女，也就是大家可以在古裝劇中看到的，哪一個不是穿著輕飄飄的白紗，然後頭髮都是長長的呢？

甚至在古代，那些俠客，或一般男子，不也都是長頭髮的嗎？

身為引導師，重點是要「很安全」的去引導客人，並傳達正確觀念，真正去感覺那人是誰。

基本上，會在元辰宮裡做接待的，絕對是跟當事人關係很親密的人，怎麼會說是女鬼呢？一個人怎會安心把自己的心宅交給女鬼打理？

其實，那個頭髮長長的人，可能就是持家的仙女，至於房間暗？那開燈就好。畢竟，暗，代表著當事人運勢不好，我們要幫他調整，就是要幫他點燈。這樣才能敞開大運，接著就能繼續處理元辰宮裡的環境。一個人的元辰宮問題越多，就代表可以調整提升的空間越大。

重點是，要勇敢的面對自己，去面對內心，好好打掃。

所以，在元辰宮裡面對的陌生人，請以「自己感受」為主，你才會知道那個人是誰，而一旁最好有「專業」的老師引導，以「一對一」方式，絕不會有所謂的「第三者」。

很多時候，有人會問：「老師，我可不可以讓我的妹妹聽？」或「我可不可以讓我的老公聽？」等。

除非當事人有特殊障礙，例如他可能是聽覺力障礙，或是其他障礙必須由旁人協助，否則我不會讓第三者進到能量空間裡，因為這樣子你才會專一去感受你內在心靈殿堂的樣子。

# Q 41 水星逆行衰到爆！可以觀元辰轉運？

是否有些特殊狀況，不適合觀元辰宮？例如傳說水星逆行時期，會諸事不順，這個時期適合觀元辰嗎？

水星逆行時期，可不可以觀元辰宮，探望自己的心靈殿堂？

答案很明確，是可以的。

水星逆行，一年大約三到四次，當這個時候，人們可能有些不順，例如有交通上的狀況，或資金問題等。星座命理上，不同星座的人還會有不同影響，但若不以星座角度來看，我們凡間每個人的資質及成長背景本就不同，當對應著天象，會產生不同的狀況，其影響包括生活中的大小事，像是記憶力、溝通、情緒等心靈影響，更直白的說，就是可能會覺得「諸事不順」。嚴重些的狀況，可能會有交通意外，亦或因溝通不良導致的糾紛，或者可能帶來財務損失等。

其實水星逆行時還滿適合反省自己、在各個主題領域上調整自己，或者是省思哪些行為模式需要改進。所以在遇到狀況時也要調整，小至情緒不佳，大至交通狀況，當碰到或擔憂時，正該善用水星逆行的這段期間，針對問題點來調整自己，反而更可以增強自己的運勢。

# Q 小朋友幾歲可以觀元辰宮？

我們知道許多事都有年齡限制，就像看電影也有分級制度，幾歲以下的小朋友不能看什麼等級的電影等。那麼，觀元辰宮有沒有這類的限制？例如幾歲以上的孩子才可以開始觀元辰宮？

許多事情有年齡限制，背後是有原因的：第一，可能有一定的危險性（包括心靈傷害的危險）；第二，可能有理解度的問題，例如讓幼童去上中學課程，不僅聽不懂也沒有意義。

不過以這兩個標準來看，觀元辰宮完全沒這樣的問題，既不具危險性，也並非探索什麼深奧的學問。雖然觀元辰宮本身的原理是宇宙間的高智慧，但這件事卻人人都可以做到，就好比一個人不一定要懂汽車引擎及發電機原理，依然可以開車一樣。

以孩童來說，只要已經有基本的說話表達能力，就差不多可以觀元辰宮了，哪怕可以用的單字單詞很有限，也沒問題。

我們有很多學員學完之後，除了觀元辰宮幫助自己，也進而去幫助家人，包括回去跟小朋友對練，並且發現藉由這樣的活動，還可以增加親子關係，整個過程滿好的。

一般成人觀元辰宮，可能是因為職場上有壓力，藉由觀元辰

宮求解答。然而，我們不要以為小孩子應該就沒什麼壓力，其實小孩子往往可能面對不同的狀況，同學的霸凌或老師的誤解等，他沒反應不代表沒壓力，有些時候，是透過觀元辰宮才會發現到。

實務上，透過調元辰宮，在調整小孩的內心狀態後，能協助他開心的成長，學習效果也更佳。

其實我們也鼓勵，若本身學了觀元辰宮，我們要好好把握這樣的機會，不但可以調整自己的內在，同時也幫助自己的家族成員。

以孩子而言，大約三歲以後就開始可以慢慢地接觸元辰宮，在孩子滿十二歲以前，他都是跟著媽媽的能量，所以媽媽如果情緒夠穩定，那是最棒的。

但我們也發現，現在社會有很多的單親家庭，所以小孩子也可能是跟爸爸，這種情況怎麼辦呢？其實不論父母都一樣，小孩子還是可以有自己的能量場，他可以去調整，比如透過大廳調整大運、透過書房調整學習狀態，透過生命花園調整健康狀態等。另外針對安全感的部分，就可以調整他的主臥房。關於各項調整，老師也都可以提供協助。

# Q 43 觀元辰宮年齡有無上限？或者針對特殊狀況兒童可以觀元辰宮嗎？

想知道觀元辰宮，小孩子可以參與，但長者呢？例如已經躺在病榻沒有行動力者。另外，不同年齡的人，觀元辰宮後的鞏固期是一樣的嗎？

基本上，對於已經學習過元辰宮的朋友，年齡完全不是問題，他可以幫自己觀，也可以幫家人觀。這所謂家人，包括十歲以下的孩童，也包括年紀很大的長者，甚至包含他本人也可能是長者。例如有一個學員，已經將近七十歲了，依然自己在觀元辰，另外，學員為家人調整的對象，也有年齡九十歲以上的，最小的則是剛滿三歲，完全都沒有問題。

真的，學習元辰宮可以獲得多方面的好處，包括增進親子教育以及親朋好友間的感情。特別是家人關係是一輩子的，但往往因為同在一個屋簷下，有時難免起摩擦，有人透過元辰宮對家人起了同理心，紛爭自然減少，彼此更和睦。

以帶孩子來說，一個只有三歲五歲的小朋友，是最吵鬧的，跑跑跳跳根本靜不下來，這樣如何觀元辰宮呢？

其實沒關係，只要本身學習到正確的做法，你可以做到一件事，那就是專心的「跟著他」。甚至有些孩子可能狀況特殊，

例如是過動兒或者有自閉狀況，都沒有關係，你只要跟著他，配合他的模式或頻率，就可以去幫助他、協助他。

實務上，我有很多學員會來感謝我，因為透過觀元辰宮，原本以為她的孩子不需要母親，結果沒想到在短短的十分鐘裡，媽媽就知道原來孩子在哪些方面有特殊的壓力，她也因為學了元辰宮後，知道要用正確的方法，去協助她的孩子一起突破難關。因為這樣的互動，瞬間親子間親密感提升，黏著度向心度也跟著提高。

Q<sup>44</sup> 月事、月經、懷孕可以觀元辰宮嗎？

　　觀元辰宮男女皆可，但比較起來，女生有著男生沒有的「特殊狀況」，以月事來說，例如很多漁家會嚴禁有月事的人上船，認為這是很大的禁忌。那麼，觀元辰宮，有沒有這類針對女生的禁忌呢？

　　觀元辰宮絕對是男女平等的，懷孕者當然也可以，但有幾段時期不建議觀，並非基於迷信禁忌之類的原因，純粹是因為懷孕者的心理狀況，在某些時段才建議不要觀。

　　如果是女生來月事，一樣可以觀元辰宮的，事實上，那個時候反而身體能量是滿高的。當然，要不要觀元辰宮，主要仍取決於當事人身體狀況，

　　若願意來觀，是可以有助於舒緩疼痛。

　　關於懷孕者，同樣也可以來觀元辰，不過當事人本身在懷孕時通常比較緊張，可能會因為內在的恐懼，覺得可能會跟觀落陰混淆，所以會自己嚇自己。如果懷孕受到驚嚇，比較容易出現宮縮，所以要跟當事人先講好，我們是去觀元辰，觀靈魂之家，並不是觀落陰，如果她能夠理解這一點，其實懷孕的人也可以做自我調整。

學員自己若已有這個技術，也可以自己內觀自己的狀態，自己調整自己，這是沒問題的，但仍建議最好找專業的老師協助。

　　但懷孕期間，有兩個階段是比較不宜的：

## 懷孕前三個月

　　因為孕婦內心可能比較不穩定，那這時期就避免觀元辰宮。

## 生產前那個月，也就是預產期前一個月

　　這個時間也是儘量避免去觀元辰宮。


　　除了以上所列時間，懷孕大部分的期間，還是可以很放心的去調整，甚至可以去看一下寶寶的狀態好不好。

　　我們曾經有很多的孕婦學員，她們從當初脫單、結婚到懷孕，每個階段都曾來觀元辰宮，我陪著她們成長，所以她們懷孕之後生小孩也是如此。

　　當然每個人的進程還是不一樣，有些人就是在懷胎前，曾有拿胎、墮胎或者是流產情況，孕婦會因為希望能夠好好保護胎兒，在孕前就可能先做調整，孕後大約四個月左右，再來做防護，確保胎兒是穩定的、是可以讓人安心的。因為來觀元辰宮，當事人都可以非常的安全也非常放鬆，所以對媽媽來說，其實感覺是很好的。

# Q 45 產後可否觀元辰宮？想求子適合觀元辰宮嗎？

懷孕是件神聖的事，表示孕育新生命了。當觀元辰宮的時候，除了某些時段，孕婦大致上也是可以觀的，但產後呢？還有既然提到懷孕生子，也想問，是否未孕婦女也可以透過觀元辰宮求子？

產後當然可以調整，產後其實非常需要調整。

這是因為很多媽媽生完孩子後，覺得自己似乎有產後憂鬱症，所以想要來觀元辰宮做調整。她的心宅，可能有些地方有蒙塵，堆積灰灰的、象徵不開心的汙垢陰霾等，必須透過調整清理，讓媽媽越來越開心，寶寶也健康，彼此互動也良好。

另外針對有些朋友本身尚無子嗣，她們想要觀元辰宮懷孕求子，這可以做到嗎？

首先我要跟大家說明，生小孩是兩個人的事，所以除了必須要調整當事人之外，老師也必須透過當事人去請教先生的意願，或者有些情況是先生想要有小孩，反倒是老婆不願意，另外也有人是因為性冷感的原因等。

基本上，針對求子一事來做調元辰宮的前提，就是希望夫妻一致，彼此要能夠協調，這樣子雙方有了共識，才能共同面對

後續的問題。例如生子後隨即要面臨的經濟壓力問題，以及教養方式等。

　　有一個案例是這樣的：有位媽媽第三胎剖腹生產完，因為開刀後身體較虛，無力照顧孩子，但孩子出生時間間隔較近，所以三個小孩都還很小，老大、老二以為媽媽偏心愛小的不愛大的，就有些吃醋而出現欺負行為。作為長子稍微懂事，會維護老么，而和次子產生衝突，甚至受傷。若家中無人可以幫忙照顧，再加上若住家較狹小，活動空間不足，孩子磕磕絆絆造成傷痕纍纍，不僅讓來看孫子的阿嬤心疼，不免也責怪媽媽，讓媽媽感覺心好累。此時若再加上，做先生的白天在公司碰到不愉快，一回家又聽聞阿嬤說孩子怎樣了，於是沒弄清前因後果，就責怪爭執，本來每件事可能都是小事，但一環扣一環，且經常性發生，最終也會帶來家庭關係崩潰的危機。若能早日透過觀心宅疏通狀況，也會讓家人較願意主動幫忙，化解本來可能有的危機。

　　總之，在懷孕前為了求子是可以透過元辰宮做調整的。

## Q46 餵奶時期適不適合觀元辰宮？

成為母親後，世界上多了一位自己很關心的人，原本可以自在觀元辰宮，現在也必須顧慮這個小寶寶了。想請問，母親餵奶時期可不可以觀元辰宮？

餵奶的時候，老師是建議暫時不要來觀元辰。而是請母親專心聚焦在孩子身上。

媽媽與小寶寶之間，透過不管是餵奶或其他互動，從小就逐步建立了親密連結，即便小孩子吸著吸著可能就睡著了，但你跟他的連結是很真實的，那裡有母愛，透過乳汁，傳遞愛的能量給孩子。

餵奶時期其實是非常寶貴的，我們都知道小孩子在出生頭三個月喝的奶，也就是媽媽的初乳，是非常黃金、對孩子的免疫力系統是特別好的。

所以老師才會建議，在這段時間請各位母親將專注力和愛，完完全全地放在孩子身上。

當然，當餵完小寶寶，可能他已經想睡覺了，你可以抱著寶寶一起躺在床上，用比較輕鬆的方式陪他。此時因為沒在餵乳，只要本身已經學過技術，做母親的想要幫寶寶調整元辰宮，這

是沒問題的。

　　重點還是，「一邊餵奶一邊觀元辰宮」，這個動作我們是禁止的，一定要「分開」來做，最好是趁寶寶睡了，學習過的媽媽可以給自己一點恢復觀心宅的時間，也就是先整理自己，使自己有好心情。有一些媽媽在抱著寶寶時觀入，比較容易手滑，反而會讓孩子滑落受傷，最好是把寶寶安置好在床上後，這時再觀入心宅才是可以的。

# Q47 懷孕中，進元辰宮可以看到寶寶嗎？

現代科技進步，生產前都已經可以預先看到生男生女，甚至也可以透過超音波約略看到孩子的樣子，但即將為人母者，可能在懷孕期間，還是會心急想「看到」自己的寶寶，這一點可以透過觀元辰做到嗎？

其實我們都知道，寶寶在投胎前，其實是在天上，可能就在雲朵上駐留著。

曾有日本的科學家去採訪調查，發現三歲以前的小朋友可能還有些有投胎前的「印象」，當回溯這些印象，可以知悉這些孩子在投胎來這戶人家前，會在天上、雲朵上，或者在其他地方，觀察哪些是未來可能的父母親？決定要投胎到哪一戶人家才好？

關於投胎，在「選定」的時候，其實在元辰宮裡面就有一些跡象。

就是說，可能可以透過觀元辰，和那位準新生兒「見面」。地點可能會是在大廳，他用他特定的方式跟你打招呼，還有就是在懷孕前 88 天，以東方命理來講的話，有個叫胎元或胎神，也會在這段期間住在母親的元辰宮裡，用他的方式出現。

雖然在三次元的能量空間裡面，我們無法看見這些投胎前的孩子。但可能他就在你身邊圍繞著，正等待一個好時機，準備來投胎當你的孩子。

　　也有一種情況，雖然懷孕，但當事人心中卻想著：「其實我現在還不打算生孩子。」這就比較麻煩了。

　　這就是為什麼需要進元辰宮，跟你自己未來的孩子，也就是即將要來投胎當你孩子的「人」，好好的跟他溝通。可能當事人會跟他說：我現在或許還沒準備好當媽媽，又或者是我們家目前經濟狀況還不允許生養小孩等。

　　搞不好，對方反而會很開心的跟當事人說：「媽媽請你不要擔心，其實我來投胎，是有背財來的喔！」

　　的確是有小孩子可能為家庭帶來財運的，那麼原本對生孩子有疑慮的準媽媽，是否可以因此改變想法呢？

　　總之，觀元辰宮，的確是可以跟即將降生的小生命做溝通的。

# Q48 請問剛小產完，大概多久可以調元辰宮呢？

發生小產，當事人會很傷心難過，這個時間，她是否也可以調整元辰宮呢？若不適宜，那要隔多久才可以？

的確有人剛流胎，很想立即觀元辰宮，可能她本身是上班族，產假結束必須回去上班，然而她的身體仍虛，那這樣的人可不可以來調整元辰宮呢？好比說趁小產假期間調整呢？

**其實，我們觀元辰宮，不分男女，都有個基本原則，那就是當事人的狀態要對。可不可以調整？要看當事人當時有沒有特別不舒服**，例如有些人罹患特殊的疾病，她就是非常容易頭痛、非常容易不舒服，那當下，我們都知道身體不適的人，對於人跟人間的對話會非常沒有耐性。

既然觀元辰宮很要求老師與學員間能夠互動協作，我們比較希望，當事人是在可以正常溝通、對話的情況下，才來調整元辰宮，只要經過調整，當事人狀況會很快得到改善，能量迅速拉升提高，因此只要能正常溝通，觀元辰宮就沒問題。

以小產來說，如果實在因為本身是上班族，必須趕在產假結束前來調，那老師就儘量配合。否則，最好是選擇假期比較長、比較沒有時間壓力的時候，或當事人是家庭主婦沒假期問題。

如果符合這些情況，那老師會建議，讓自己身體完整的休息個七天，也就是以一個禮拜為週期，過了這個週期再來調整會比較適合。

當這樣子的時候，我們的心宅顯化出來的東西，可能會變得更好，然後當事人也更願意去面對她該處理的問題。也就是，她可以好好地跟那無緣的孩子告別，也可以好好幫他祈福，讓他去更好的地方。

或者有些當事人有點捨不得這個無緣的孩子，在觀元辰宮時，還是可以跟他做一些溝通跟交流，這樣子的告別會比較自然。

49

# 奔喪期間可以觀元辰宮嗎？

像生離死別這樣的情況，人生難免。如果是遇到親族有人過世，這樣的時期可以觀元辰宮嗎？有沒有什麼禁忌？

曾有學員，本來已經預約元辰宮了，臨時發生狀況，親族有人往生了，她問我這個時期還是可以觀元辰宮嗎？

我們的能量期間是這樣子的，老師希望如果家中有喪事，處在喪期的當事人，就專心的守喪，一心一意為家人，好好的告別。因為將心比心，我們身而為人，也希望若真的「那一天」來到，親友能夠好好跟自己說再見。

當你好好告別完後，我們通常都是說 21 天，就是至少三個七的概念。

等這三個七的週期結束後，再來調整元辰宮會比較適合。到那時，觀元辰宮對你的幫助可能會比較明確，因為守喪期間你正在悲傷，那時狀態的確是不適合的。

這世間，很多事難以預料，很多人突然遭逢家人無預警離世，心裡會有很大的創傷。在那樣的心境之下，的確不適合觀元辰宮。但如果再過段時間，有些人可能希望給逝去家人更多的祝福，就等到守喪期結束後，你自己在調整時，就可以好好地為

往生者、也好好地為自己做調適。

在過程中可能會發現，有些親人不見得是下地獄，可能就是直接去他想去的地方，那個世界可能非常安寧、非常祥和，一個非常平靜美麗的地方。

我知道有些網友會說，某些宮廟可能急著對當事人說：「**不行啊！要當心啊！一定要在奔喪期間做某些事，不然你的家人可能會被關水牢或者被禁錮在哪裡等等。**」總之就是暗示死者無法超脫或面臨不好的下場。

但在我的經驗裡，我幾乎沒有遇過這些事情，所以老師會希望，如果可以先讓自己心情安靜下來，守喪期間就好好對家人，等過了三個七天後，你想要觀元辰宮我們再來好好調整。

好好祝福往生者吧！

# Q 50 是否在元辰宮可以看到過往的親人？

前面問到有關奔喪的事，這裡想要再問的是關於死後的靈魂，當我們很思念往生的家人，可以透過元辰宮和往生者再見面嗎？我知道觀元辰宮和觀落陰不一樣，但心中還是希望有這個可能，能做到嗎？

的確，很多人心中有這方面的疑問，他們可能知道生死有命，卻依然還是放不下，非常強烈思念往生的親人。另外，也有的人是想念好友，甚至是捨不得自己很寵愛的寵物等。

重點是這樣子的，很多人會說家人往生後，明明兄弟姊妹都有夢到那位親人，怎麼就偏偏自己沒辦法？難道是逝者不喜歡我，不想託夢給我嗎？可是我真的很思念他啊！是否可以透過元辰宮看到死去的親人？

關於這點，老師在這裡要跟大家澄清，因為我們不是觀落陰，很多人都會想說見死去的親人，透過我們觀元辰宮的方式來做，但我們真的不是觀落陰，所以並不會往陰曹地府去。更何況有很多已故親人，往生之後也不見得會去陰曹地府，有些人可能曾有修得一些果位（編註：修佛所達到的境界），在世時有做善事，當初他是乘著願望來投身地球，希望協助整個地球的揚

昇，如今他階段性任務已結束，可能去了另一個超乎我們想像、更美好的世界等。

所以有時候，我們說一個人明明看來很好命，會突然間急病、然後英年早逝？那種情況可能就是當事人的「任務結束」，必須離開這個地球世界的意思。總之，以上的情況，就算觀落陰也看不到親人，何況我們是觀元辰宮，是觀自己的心宅。

想想，如果那位親人已經去另一個世界甚或再投胎，那他當然不會出現在你的夢境，也不會出現在你的元辰宮裡。反倒是有種情況，就是當一個人特別思念某個家人，而家人出現在你的元辰宮裡，這就是必須面對的「議題」，因為在元辰宮裡出現的人事物，都有相應的意義。

如果對方沒有出現，你應該要很放心，因為那表示他很信任你。如果可以做到讓心放下，那麼正確的心態應該是：讓亡者好好地走，不見得一定要去追尋，因為你的思念對他來講可能是他不想再重蹈經歷的過往。

對寵物也是一樣，例如有個學員非常想念已往生的寶貝狗，每次對朋友形容愛犬時就會說：「唉！我的寵物當時是怎樣死亡的，牠是被車撞然後怎樣遭輾壓……」。但當一個人有這樣意念出現時，雖然是思念自己的寵物，但很抱歉地，當每次這樣想，就代表那隻已往生的愛犬，可能會「再次經歷」那個被輾壓的過程。

你希望思念的對象，再次受苦嗎？

所以，基本觀念大家懂了嗎？我們每個意念，都創造意象和實象，每個意念波其實會有封包跟形象在那個地方。

這個就是我們要儘量告訴自己：如果真的很愛對方，當然是希望看到他未來很好，而不是去想他當時的死狀。

我也希望這樣的觀念能夠普及，請儘量去想往生者健康時的樣子、開心時的樣子，這樣子對往生者來講，他會比較願意，也可能找機會回到你的生命裡面，比如說出現在你夢中，再來看看你，當然也有可能會出現在元辰宮裡面。

我們有位學員是個大企業老闆，他的家族企業擁有好多土地，事業經營有成。他的情況很特別，每當他準備跟某個廠商簽合同的時候，他都會進一下自己的元辰宮，在他的心宅大廳那裡有一面牆，上頭都是他的歷代祖宗。這個位在心靈殿堂的主祀祠，每位祖先牌位旁都有點燈。

在平日，這位企業家會去祭拜緬懷祖先，而若碰到像簽約或必須做重大決定的時候，這些祖先會扮演另一個重要角色，也可以說是守護神角色，那就是：透過燈亮燈滅的方式，告知他們的孫子，也就是這位企業家，他們贊不贊成這個合約。

聽來很神奇，感覺就像有個陪審團，針對案例，有人舉手同意，有人投反對票一般，只是在元辰宮裡是藉由點燈的模式。而這位企業家也真的很重視這個模式，他會在元辰宮裡，數算有多少燈滅多少燈亮，代表贊成和反對的比率各有多少。最好是全體同意，表示這件事會有祖宗庇蔭，就好好簽下這個合約

吧！但如果不是如此，有人贊成有人反對，就得依照「點燈」比率了，若反對的祖先很多，表示合約案必須好好再評估。

關於亡者的故事還有很多，有位學員，他觀元辰宮，竟然清晰地看到：他那位已經往生的媽媽竟在廚房裡幫他做飯，他當時嚇一跳，因為剛開始進去的時候，他壓根沒想到媽媽會在裡面。但當他能夠再次看到已往生的媽媽，不禁感動落淚。

那時他才意識到：最近一直覺得整個人很沒動力也不想回家，因為總覺得家裡少了什麼，就是少了溫暖跟安全感。所以當他自己意識到這一方面的問題，他才開始跟他的內在、也跟他的媽媽做連接、做溝通。經過這個歷程，他才能真正放下。

以上的例子告訴我們，當這些往生者出現在我們元辰宮不同的位置時，都有不同的意象跟涵意。

當有這類在元辰宮裡和往生者相遇的情況，還是要尋找專業的導師協助導引跟鏈結會比較好。

# Q 51 觀元辰宮會看到鬼嗎？

如果觀元辰宮可以看到往生者，那是不是代表也可以看到鬼呢？所以我們觀元辰宮是可以看到鬼的嗎？不是自己親人，而是所謂孤魂野鬼的那個「鬼」？

關於看到鬼，首先，問問自己一個問題，你真的那麼想看到鬼嗎？提到這，老師必須再次聲明，真的不要把觀元辰宮和觀落陰搞混喔！

具體來說，觀元辰宮還是跟當事人自己的能量有關。一個人的能量，可能跟自己現在的狀態有關，好比說你現在能量好不好，可能是最近遭逢親族間有白事，或者你剛剛去拜訪過朋友，去祭拜他們家中的靈堂等。在這樣過程中，有可能就像民間所說的「被煞到」，那可能就是發生影響到你能量場的事情。

以結論來看，的確你在觀元辰宮時是有可能看到鬼的，只要是靈魂這種「能量」，都可能因為當下有什麼事想和當事人溝通，必須透過「現身」的形式，提點當事人什麼。那他自然當然有可能藉由元辰宮這個平台跟當事人反應，重點是，當事人如何去詮釋。

另外有可能的是，一個人在元辰宮裡，會看到其他的鬼魅魍

魎，意思就是說他們不是單單是「鬼」的形式，可能還有其他的形式；也有的人，可能流產了，那個被流掉的小孩子變成嬰靈，亦可能出現在當事人的元辰宮裡。

至於跟自己比較親近的，比如說已經離世的至親，或剛剛往生的寵物，可能會基於彼此強烈的思念，因此相互作用，把靈魂吸引了過來，這也會在元辰宮裡呈現。

但我們觀元辰宮的重點，是要去解決問題。因此，當遇到這些往生者，我們的態度應該是虔誠的祝福他，希望他一路好走。你要表現出你的誠意，讓他知道你過得很好。

有專業導師在，會協助當事人做好的溝通，讓他們「好好的去」。也就是在接受祈福的情境下，以揚升的方式離開。

至於若是魑魅魍魎或冤親債主的情況，那就比較複雜，得見招拆招，當下非常需要當事人跟導師充分配合，即便狀況處理掉後，回家也必須做老師交代的作業，這樣才可以用比較快速的方式，把一些負面的不好的能量排除乾淨。

# Q 52 斷捨離後，下輩子就能選擇我想要的對象嗎？

這是一個比較關乎輪迴的問題，想請教如果我們透過觀元辰宮調整，做到斷捨離後，會影響到下輩子的姻緣嗎？另外，今生不解之緣，來世會重蹈覆轍嗎？

來找我們觀元辰宮的朋友，感情相關問題占很大的比例。

首先簡單回答：**關於緣分這樣的事，其實不用等到下輩子，今天你如果在觀元辰宮，或者是觀前世今生的時候，你已經選定了這個帶給你困擾或種種糾葛的男人，然後去看他跟你有很多世的往來，若你已經做了斷捨離。那麼接著，在「這輩子」你其實就可以去挑你想要的男人。**

至於今生不解之緣，來世會重蹈覆轍嗎？其實是不一定的。

如果你自己透過觀元辰宮，或者是透過我們的觀前世今生，針對你現在的一些糾結的議題去化解。比如說，在觀元辰宮時，你可以調整自己的狀態，把自己調整得更好，如果在這一世就把功課都修習圓滿了，那麼可能你的下一世就不會重蹈覆轍。

如果是以前世今生的角度，有的時候我們會出現重複的行為，也就是從我們的累世以來，可能很多世、很多狀況都一直重複發生。如今又來到這一世，當我們透過觀前世今生，真正覺察

到過往以來都在重蹈覆轍的話，那你會有所學習、有所頓悟。

　　只要有以上的斷捨離，我們在來世，就可能會學習放下，或者是我們會迎接新的課題。總之，在那樣的狀況下，就不會再重蹈覆轍。

# Q 53 農曆七月可以觀元辰宮嗎？

觀元辰宮是否或多或少有一些禁忌呢？例如人家說鬼月諸事不宜，所以鬼月也可以觀元辰宮嗎？

這裡要先和讀者釐清，什麼是鬼月？

大家現在可能會對鬼月覺得有禁忌、有祭祀鬼神以及有種種相關的民間習俗，這些都可能是植基於誤解。

其實古時候為何把七月講成鬼月呢？這說法起源於明朝，而在更早時候，實際上七月不但不是鬼月，相反地，是被稱為帝王月。對貴族來說，是最好的下葬月份，會影響到整個皇家運勢。

為何後來庶民會開始認為農曆七月是「諸事不宜」的月份呢？最早其實是被刻意宣傳營造出來的。在真正的命理上來說，農曆七月是非常好的吉祥月，但如果皇親國戚適合下葬的月份，一般老百姓也都比照辦理的話，這樣就會把「氣」搶走，那是貴族不想要的情況。所以就有人讓道士及地方官員刻意去散播這樣的「假消息」，指稱七月必須「生人迴避」，演變到今天，人人都以為農曆七月是有種種忌諱的月份。

有人會問，怎樣證明老師您說的是對的呢？

其實，到處都看得到文獻證明，例如佛家就稱七月是吉祥月，是感恩月。而一些明朝前的古典經文，也都有相關論述，例如《天元五歌》就有提到：「古來天子七月葬，士庶逾越禮不曠」。

在佛家，七月是孝親報恩的日子，是功德月、是報恩月、是福田月。

從古到今，許多廟宇在七月，都會有盂蘭法會，這是為了做功德。此外，七月三十日是地藏王菩薩誕辰，其中帶有寓意，地藏王為了渡大家到三界六道眾生得解脫，於是來到世上救苦解厄。

這裡也繼續分享更多佛教相關的知識。在佛陀時代，弟子都要去托缽然後換一餐吃食，但在印度，每年農曆四月開始是雨季，從那時一直延續到七月，這段時間，整片大地都會下雨，溼氣相當重。其實不僅僅是印度，就算在台灣，到了夏季也會很多人中暑，因為溼氣無法排除，大環境比較容易孳生蚊蟲，帶來相關疫病。

在佛陀時代，因為心有慈悲，佛陀想到若眾僧出去化緣，可能不小心踩到蟲類或者新發芽的嫩草嫩葉，因此就調整僧侶團隊生活，規定農曆四月十五到七月十五這三個月，眾比丘不用外出托缽，而是集中在一個地方進修，那個時期，自然會有在家居士，把食物送到進修所在，奉養他們。

在這段期間，大家用心聽佛陀說法說教，更加的精進智慧，也讓自身戒行完整，所以在七月這段時間就會成就許多戒定慧。

當七月十五日出觀，就好比是眾比丘的畢業典禮，大家展現修學成果。佛陀看到大家道業上都有增長，非常歡喜與讚嘆，所以農曆七月在佛教既為吉祥月也叫歡喜月。

以上就是真正的農曆七月定義，而非鬼月。

既然我們已知道緣由，那就知道七月其實是感恩的月份，不需要有什麼禁忌，七月觀元辰宮自然是一點問題都沒有的。

唯一的問題，是人心，畢竟一個人長期以為七月是鬼月，已經在內心塑造恐懼，當這樣的時候，一個人的磁場就會比較不穩定。

其實反倒這個時候，更應該來做元辰宮調整，這樣可以讓自己心裡更安穩更有安全感。

# Q 54 觀元辰宮後續有關食補的問題？

在前面的問題解答中，老師也提過好幾次，觀完元辰宮後，要記得回家寫作業。有時候作業中有牽涉到食補，該怎麼做呢？

是的，調整完元辰宮後，老師會開作業。

這個作業當然不是像小學生回家寫習字本那樣，而是非常生活化，但絕對跟調養自己有關的。

作業上可能規定要吃什麼水果，或者指定吃什麼東西。那是因為我們很提倡食補，建議用飲食來調整作息。

基本上元辰宮裡出現的東西，可能就是跟你調理相關的東西。例如出現水果意象，好比說蘋果，現實生活中你可以直接吃蘋果或喝蘋果汁，也可以喝蘋果醋。也可能元辰宮中出現葡萄，現實生活中除了吃葡萄，也可以吃葡萄乾。但市面上的果汁，許多只是化學合成，除非是原汁，否則就不一定符合。甚至如果食補素材包括柳橙，那麼柳橙的應用，也包括烹調，像是橙汁排骨，都符合標準。

諸如此類，在做作業時，若和食補有關的課題，就可以彈性交叉應用。

當搭配作業做好這些食補，後續就可以協助、啟發你自己。

讓內在啟動修復機制，產生瞬間的爆發力，可以協助你做能量的代謝。

當然也別忘了一天兩杯溫開水，這是一定要喝的。

# Q55 謝神要準備什麼？

在我們觀完元辰宮後，有個必要作業，就是要謝神。關於這方面，有什麼規定嗎？

謝神最重要的，第一件事自然是誠心誠意，心誠則靈。其實，我們原本對人、對事就該抱持著感恩之心。

具體的作法，謝神要依照不同神明的屬性。

舉例來說，我們知道土地公喜歡吃花生米，另外有些特殊的神靈，例如狐仙，喜歡的就是胭脂水粉之類的，以現代術語來說，就是化妝保養品或者香水等。

保佑萬民的媽祖娘娘，謝神時要供俸的是鮮花和基本供品。

大致上就是根據不同的神明，事先準備一下。

而當我們觀元辰宮時，在神明廳會看到好比說觀世音菩薩，或關聖帝君，在祂們神桌上所看到的供品，也是我們現實生活中要提供的供品。

當然，謝神這部分的專業，老師們都會提出引導，直接開清單給學員。我們就只要依照清單所列，好好去準備相關東西，接著就是把供品拿到神明面前，誠心誠意的謝謝祂。

這樣做也是跟神明做交流溝通，請求祂好好幫你維持元辰宮

的狀態，那麼這樣就是非常好的能量鏈結。

當然神明也不限只能是東方神祇，例如有人在元辰宮也可能遇到愛神邱比特、金星維納斯，這些都是在祈求有關愛情能量的時候會出現的神。對於這些與愛有關的西方神祇，多數也會在供桌上出現像巧克力這種西方傳統代表愛情的「供品」。

學員裡也會包含有基督教徒、穆斯林等，其實任何宗教的朋友都可以觀元辰宮，也都會遇到相應的神明，以及有需要供俸的供品或禮俗，包括有時候要配戴聖物等。

通常我們在謝神的時候，以東方的神明來說，我們感恩都是在白天，儘量不在夜晚謝禮。雖然說有一些客人可能家神已經是心宅守護神，然而如果能進到大廟或者是教堂教會等，那麼能量對應會更加強烈，心境安定的情況也更快。我的學員與客人中，也有一些基督教、天主教或穆斯林，在他們的儀軌當中有一個環節是可以在睡前禱告的，或是特定的時間與主神連結感恩感謝。甚至有些天使系列的守護神明也會回應我們的感恩，回饋時特地療癒我們。因此有一些客人會說一覺醒來感覺精神氣爽好像被整理調頻過了的感受。

總之，關於如何與神明鏈結互動，這部分要多跟指導老師交流。看看到底謝神的時候，要準備什麼東西比較好。

# Q 56 觀元辰宮後，謝神有禁忌嗎？

繼續再問一個跟謝神相關的問題，前一題問的是謝神，這一題則是針對我們自身，是否有任何謝神的禁忌，例如若女生月事來的時候能不能謝神？

老師這裡要再次強調：謝神，誠心誠意最重要。

例如說生理期這件事，跟一個人誠不誠心有關呢？應該是沒有關聯的，如果說一個有月事的人，依然可以跟學校老師、跟生活中互動裡幫助她的人感恩，那自然謝神時也沒問題，都是表達感謝。

謝神，顧名思義，就是謝謝你的神明。

主要的對象，就是當我們觀元辰宮時，出現在你的心宅內在的神明，大部分都是東方的神明。這些神明在台灣，也都一定有相應的廟宇。我們就是抱持著感恩的心情，準備簡單但富含心意的供品，在神明面前說聲謝謝就可以了。

再次強調，重點，是我們的「心」。

謝神就是要持有一顆感恩的心。

# Q57 可以幫家人代觀元辰宮？

現代工商社會，可能很多人行程較忙，或者基於特殊因素，例如當事人住院或年紀還小，無法親自去觀元辰宮。那麼，身為當事人的家人或朋友可以代觀嗎？

這裡先說結論：若親人代觀，有一些前提要件，但基本上是可以的。至於朋友代觀，則一定必須取得正式委託，若有相關證明，也是可以的。

以親人代觀來說，又分成兩種：親人代觀，以及遠距代觀。

通常親人代觀，很多都是代自己的小孩觀。比方說媽媽的花園會有小孩子的子嗣叢，那是關於自家小孩健康的部分，如果守護神允許的話，當然做媽媽的也可以從自家直接由守護神，帶你去看自家的小孩。同樣的情況，也適用在爸爸觀看自己小孩的元辰宮。

但以上前提，都是只限於守護神允許的狀態下。

那如果是遠距代觀，例如媽媽單獨來找老師，請求代觀現在正在家裡的小孩的元辰宮，那就牽涉到更細的原則。

簡單說，代觀需要取得同意權。自家的小孩年紀小，本就由父母監護，這沒問題。但如果是代觀其他親人，好比說太太觀

先生。或者另一種情況，朋友委託代觀，並有取得那位朋友的委託，讓我進入當事人的元辰宮幫他調整，讓他內在越來越好，這樣是可以的。

如果沒取得同意權情況下，親人可以代觀嗎？這就有條件限制。

**基本原則，我們代觀的對象，只限三種：**

**・自己的父母及祖父母**

**・自己的配偶**

**・自己的小孩**

只有以上三種，是老師同意可以代觀的。其他包括是自己的兄弟姊妹或其他姻親都不行，更遑論是好友。甚至以配偶來說，也一定必須具備正式的法定關係，包括同居人關係，以及男女朋友關係，乃至連準未婚夫妻，都是不列入允許代觀的。

為何如此限制？這裡也要說明一下。

我們清理元辰宮，就是要清理一個人的內在狀態，所謂觀心宅，清理心宅。

直屬血親，因為有一層親密血緣關係，所以依著這種連結，我們非當事人可以去幫忙，然而就算如此，我們還是建議，最好是取得當事人的允許。

有些客戶，好比有太太想代看先生的元辰宮，但她說，她老公就是很鐵齒的人，所以不會同意的，但她還是很關心老公啊！這個時候，我會跟那位太太說，老師可以幫妳代觀，但妳要記

得，進入先生元辰宮後，如果裡面有一些狀況，例如有些壓抑的東西時，我不敢跟你保證，會不會對你有影響，因為畢竟你是未經他的同意去做這件事。

最終我還是希望大家儘量以觀自己為主，因為每個人都可以是幸福小衛星，老師相信當你自己的能量好、狀態好，以你為核心的周邊，不管是你的爸爸媽媽或者是你的另一半，包括自己的小孩也是如此，都會越來越好。

之前有一個案例是這樣，有一個女子，她已經訂婚，婚期也已排定，但她的未婚夫因為車禍意外，當時正昏迷住院中。這位女子很擔心，很想幫她未婚夫代觀元辰宮，但即便如此，我們還是必須跟這位女子說：對不起，愛莫能助。因為第一，你和他沒血緣關係，第二，你們也還不是正式夫妻。建議她可以選擇的做法，就是請聯繫未婚夫的直屬血親，由他們來代觀，那樣就可以的。

總的來說，就好比人間有人間的法律規矩，在靈界也有靈界的規矩，守護好靈界的規矩是很重要的，這寓意我們的能量軌跡在正道上的重要性。

# Q 58 幫家人調整元辰宮得讓家人知道嗎？

接續代觀的議題，如果想幫家人代觀，但有些特殊情況，其實不是真的想讓對方知道，例如老婆想知道老公有沒有小三？這當然無法取得先生同意，事後也可能不會讓先生知道。那這樣會不會有問題？

其實這是能量鏈結跟習慣的問題。

就好像你夠不夠尊重家人？如果你希望家人能夠尊重你，將心比心，你現在代觀元辰宮，也應該秉持這樣的態度。

再舉例，我們如果好心幫一個人做事，幫人前也會先跟他說，畢竟或許有些注意事項是當事人才知道的，那麼對方就可以提醒你。當取得對方的同意，那樣子的能量效果才會是最好。

觀元辰宮的背後原理，是植基於宇宙間的規則，我們所謂的正緣正宮關係，這樣才具有更密切的能量流動關係。所以直系家屬關係，比如你幫你爸爸、媽媽、爺爺、奶奶，或幫孩子代觀，這些都是有直系血緣關係的，基本上沒有問題。因為你本來就可以處理好自己的能量，之後自然有辦法去協助他們，甚至是帶領他們做這件事。

還有夫妻間也是如此，但兄弟姊妹間就無法代觀。因為每個

人有每個人的能量業力，他必須要去自己體驗，他的生命要親自去經歷一下自己的事件。

曾經有這樣案例，有人來代觀元辰宮，表明要幫自己老公調整。由於畢竟我們不是調查單位，沒有詳細去查驗婚姻文件。結果實際上，她說要代觀自己先生，但那人根本不是她先生，其實她是所謂的第三者。

當時的狀況，她代觀元辰宮，要求協助斬桃花。等這件事過後沒多久，那女子有天哭哭啼啼地來問，為何後來反倒老公跟她分手了呢？

我們才知道，那女子原來是別人的小三，既然要斬桃花，當然是站在「被觀者」的立場，而非代觀者的立場。由於那女子並非正宮，她原以為斬桃花，就是排除掉其他女子，沒料到，被斬的桃花，就是「她自己」。在宇宙法則裡，她才是那個「多餘」的爛桃花，老天爺不會去砍元配。

也有一些特例，好比，身為二房，但這個二房是經過家族整體認可的，或者，女子曾為當事人生過孩子，那麼就有了一個血脈鏈結關係。在這樣的情況下，代觀就還是會有一定的鏈結。

最終，我們還是建議，代觀還是要取得當事人的同意。

或許來代觀的人可以對老師撒謊，但卻無法對宇宙撒謊。

若關心自己親愛的人，最佳的做法，就是自己把自己的內在處理乾淨，讓自己有好的能量，相信自己能量若夠好，就會產生同心圓效應，正所謂「修身齊家治國平天下」，以自己為核

心，這樣散發影響力會比較好。

　　若真的要代家人觀元辰宮，也務必要謹記「尊重」的道理。

　　如果願意尊重家人，就如同你希望家人尊重你是一樣的，取得他們同意，那能量效果就會加乘加倍。

# Q59 觀完元辰宮後的作業，我們能代替他人做嗎？

如果親人可以代觀元辰宮，那麼，觀元辰宮後的作業，也可以代做嗎？

通常會問這樣的問題，可能是被代觀的當事人，基於某些狀況，無法親自執行作業。

例如有個網友想幫她外遇的老公或者是外遇的妻子，處理後續作業。或者是當事人住院，代觀者想幫她生病的父親或母親，亦或者幫她自己孩子處理後續事項等，因為孩子可能還太小，不能自己做作業。

一個人可不可以代替親人，在觀完元辰宮後做作業呢？

基本上當然會希望今天所謂的代觀，是你自己代表你的家人，來到這裡然後調整「你自己」的元辰宮，也就是親觀。如此的話，你只要調整你自己的的狀態，就可以影響家人。

而後續的作業，例如謝神的部分，若家人是可以行動的，好比說是小孩，那麼感謝神明的部分，其實還是可以帶著孩子一起去，不論他信仰的神是佛教、基督教、天主教、日蓮正宗、一貫道或者是道家等都可以，當然，重點還是當事人要有誠心。

再來作業的第二部分，我們都會建議 21 天內每天要喝兩杯溫

開水，身為親人，你當然還是可以為家人準備這樣的溫開水，就算當事人臥病在床，也不影響。關於這部分老師還建議：可以在杯上畫個愛心圖案，更慎重表達你的愛，那麼，這杯有「愛」的水，就更能傳達能量。如果對方是病人，請你親自拿著杯子，陪他慢慢一口一口的喝，這樣，當事人也完成他自己的作業。

至於其他的作業，那就因人而異。這部分，代觀者還是可以站在協助的立場，幫助當事人。例如，藉由改變被觀者的服裝，或搭配什麼小飾物調整等。至於食療，只要大家一起吃飯，就可以特別幫當事人留意該吃什麼。這樣，其實也是協助對方完成作業，而非由你本身代他完成。

其實，我們觀元辰宮做調整，最主要調的還是自己，做作業，就是當事人自己要為自己負責，這個信念一定要有。

那些特殊情況，例如有人是幫自己外遇的老公或者是外遇的老婆做調整，希望對方能改善，讓他的心宅更像家一點。同樣地，透過一些貼心的舉動，例如倒杯溫開水，那時，你也會覺得對方會真心悔改，一點一點改變行為。

人們要知道，來這世上我們都是在修心，修我們自己，都以不同的形式在做功課。一切也關乎能量，當我們修心，讓正能量影響在這個家，成長也是逐步可以看得見的。

# Q 調整完後來不及去謝神該怎麼辦呢？

謝神有期限嗎？如果自己因為太忙好比說出國或者公務繁忙，沒去謝神會有什麼後遺症？若有的話，該怎麼補救？

觀完元辰宮後，21 天內一定要去謝神。

這其實關乎做人做事的基本道理，所謂天助人助自助，也就是說，一個人要先願意自己幫助自己，然後其他人才願意幫助你，上天也只幫助願意先自立自強的人。

我們觀元辰宮，接著就會調整心宅，比如說更動格局等，那都要有勞自己的主神，這也關乎一些特殊能量調整。我們要在 21 天內謝神，不單只感謝主神，其實也感謝內心裡的「超我」，甚至是比我們維度高很多，乃至於我們無以名之的更高力量，那可能是你的大天使，或依不同宗教信仰不同的精神寄託。

當你沒有在期限內和神明做更深層鏈結的時候，是無法真的做到內在調整的。就算有調整，也會很快速地打回原形。

每個人在調整時的過程其實是辛苦的，但為何調整後依然不如己意？如果說所謂「人定勝天」，那的確自己就可以決定命運，但世間事是非常微妙的，可能一切只差那一步、就差一個幫忙、一個隱形的推手，就能成就想要的，達成你的使命。

但你沒做到自助，沒去謝神，「天助」這部分就會受到影響。

一個人真的有那麼忙嗎？忙到 21 天都沒空去謝神？

其實還是願不願意、具不具備真誠的問題。

最後，不謝神，後果會怎樣？該怎麼辦？

其實不會怎麼樣，畢竟神不會氣量狹小，重點還是在每個人自身，這關乎宇宙能量的運行，一個人無誠就難以有好的結果。做人做事還是誠信至上。

# Q61 觀完元辰宮一定要念經嗎？

似乎，我們看到有的人去觀完元辰宮後，回家後必須念經，這部分人人都要做到嗎？

所謂觀元辰宮，不同的老師有他們各自的派別，比如說某位老師有主修的神明，或許就會告訴來觀的客人：觀完後，回去必須要念某種經，例如普門品、心經或地藏王經等，甚至也包括可以念聖經。

其實，觀元辰宮是與自己溝通，也跟宇宙溝通，那像是一條條道路。每個派別，可能都有自己安排的道路，他們會希望你去念屬於該派別的經典。

但以我們這邊來說，除非是你自己的內在、你的高我、你的主神，透過觀元辰宮時告訴你，你需要做什麼功德迴向、祂自己跟你有著怎樣的感覺呼應等，而你也接受了，老師就會記錄下來，請你回去做作業時，也包含念經這件事。我有道家的學員會植入科儀（道教的規範、禮儀等），我通常會強調，如果客人觀入時內在調整過程中有提到，那麼是可以配合科儀來處理。但如果沒有，我們並不會事後暗示要植入、或用恐怖恐嚇等來索取費用。所謂道法自然，如果是強迫的科儀儀軌，那麼

帶出來的能量也會是強迫跟控制的，所以暗示植入必須要謹慎處理。

若非以上所述狀態，其實不太會有要指定念經的情事。在實務案例中，也真的非常少見。

我的客戶包含各式各樣的宗教選擇，當所信仰的神明，有所指示時，就會透過元辰宮傳達，併入作業裡。

基本做法就是這樣。

# Q 62 觀完心靈風水還要觀陽宅風水嗎？

觀元辰宮應該也是改運的一種吧？那麼，我都已經調整好我的元辰宮，讓我的運變好了，就不需要調整陽宅風水了。是這樣嗎？

這裡先提出一個簡單的答案。觀元辰宮是觀「你本人」的元辰宮，但所謂陽宅，是你住的地方，那就不是只有你一個人的事，包括配偶子女或長輩其他家人，都要顧慮到，所以二者不可一概而論。

進一步說，我們探看自己的心靈風水，其實是打掃我們的內在部分，當你把內在調理好，依照吸引力法則，自然就會吸引好的東西。

但你居住的家，當然也是你影響力展現的場域。所以當你調整好元辰宮，如果能再搭配陽宅風水，那麼效果可以是疊加的。

當然，如何搭配陽宅風水？每個人的狀況不同，會更著重在對「整體家運」的運勢影響，調整更好的方位，然後師父會給你一些建議，也搭配流年等。當兩者能夠配合，就是所謂好上加好。

另外，有種情況是，單身一個人外宿在非自宅，又或者，他

是住在公司的宿舍，可能和其他同事住上下舖。那種情況，他就沒有什麼陽宅風水可以調，此時就必須更專注在調整元辰宮，透過觀元辰宮來改善自己狀態。

這裡也補充一個關於主神透過學員溝通的案例，那一次有學員在內觀時，發現婆家廁所水龍頭附近裂痕，神明一直著急地要她去修繕。她調整完心宅後，關心婆家狀況，就找了一天休假去探望，果不其然婆家在對應的地方，因為廁所的牆壁破裂，導致水龍頭有問題，也因為淹水狀況困擾，導致婆婆身體狀況不好。之後透過加乘陽宅風水搭配，修繕布局後，婆婆的身體也硬朗了起來。這個案例，漏水的地方是在「實體世界」，但卻是神明透過觀心宅時轉達，是標準的結合觀心宅跟觀陽宅搭配的案例。

諸如此類的案子很多，有機會讀者可以親自來了解。

# Q63 調整元辰宮後，效果越來越不明顯？能量鞏固期是什麼？

聽說有人常態來觀元辰宮，但效果似乎沒有當初來的顯著？這是怎麼一回事？是當事人自己的問題嗎？

關於這個問題，用一個簡單的範例就可以充分解釋。

有一位學生，之前念書都不得法，考試成績都只有 20、30 分，但後來因為得遇名師，經過開導，下回考試，他進步到 90 分了。後來，這學生因為貪玩偷懶，考試成績又掉到了 60 分，經過督促後才又振作起來，下回考試得到 90 分。

那麼，有人要問，原本這學生第一次考試，成績進步 70 分，但這回一次「只有」進步 30 分。所以是退步了嗎？

聰明的讀者，你看出這背後的寓意了嗎？

當你原本狀況很差，後來被調升了，當然感覺很深刻，有體驗到「進步的改變」。但若你情況已經調整得比較好了，只需要「微調」，就可以回歸到好狀態，那當然不會覺得有大幅的進步。

同樣的道理，客人當初為何會來找我們？多半都是處在最低潮的時刻，他們當時運勢都很不好，才會想來做諮詢，以分數來比喻，他們當時就大約是只有 20 分。

經過我們調整後，最終讓他們來到 90 分的狀態，也督促他們要配合老師指定的能量鞏固期，21 天→ 49 天→ 108 天調整。

這樣的他們，由原本的氣勢低迷，後來回歸朝氣蓬勃。但當他回到原本工作場域，可能被長官罵、被同事負面言語影響等，漸漸地又被打回原形。畢竟，職場就是這樣，人與人之間相處，很難完全避開負能量，經常都是會遇到很挫敗的感覺。

再回來找老師調整時，當事人的狀態可能只剩下 40 分或 60 分。但請記得，當初最早時，他是只有 20 分的。

再次被調整到 90 分，明明回歸高能量了，但因為進步區間縮小了，所以反倒覺得改變沒那麼大。就是這個原理。

基本上，老師會建議，每個人的內在，要習慣好的能量、好的運作模式。那麼，怎樣維持好的習慣？所以我們為什麼說 21 天→ 49 天→ 108 天調整，就是為了讓你維持在一個好能量。

這個好的能量，必須讓你自己身體去習慣它，一次又一次，你可能會覺得效果越來越「不明顯」，因為你是從「普通好」提升為「很好」。這樣的你，其實已經生活在一個非常好的能量範圍裡。

每個人秉性不同，的確有一些人氣場特別虛弱，他們平常無法覺察氣動的改善，所以更要透過調整後才會有更精細的覺察力，讓他感受到改變的變化，特別是身體對於情緒迴路的鏈接，也會透過不斷的調整學習轉變成為智慧。

# Q<sup>64</sup> 觀元辰宮後，格局越變越大？

觀元辰宮也是一種「自我提升」的方法嗎？似乎並不只是調整心宅，還可以讓一個人格局越來越大嗎？

格局會越來越大，還有運勢會越來越好，這都是真的。

觀元辰宮，本來就是透過導師指導，調整自己心宅，這個過程，隨著把心宅的汙垢以及種種特殊問題排除，整個人的狀況就會變得越來越好。

其實，就如同現實生活中，房子可以擴建的嗎？可以的。同理，我們的心宅當然也可以拓建，畢竟，心靈世界這樣寬廣，是有可能拓展、拓展、再拓展。

但過程是漸進的，不能一下子變化太大，不然身體可能會負荷不了。所以中間會有個磨合期，可能有的人調整完後，整個能量變好了，然後過一陣子又會慢慢被打回原形。這也是為什麼我們說，能量鞏固期是很重要的。

我們要慢慢調整自己的內在，影響潛意識，慢慢習慣新的「好習慣」，如此，可以習慣你自己的內在，也讓潛意識喜歡你。

這樣的過程，你是逐步地朝更好的境界去修正的，那時，你也會把更多資源吸引進來，那時，你的氣場跟氣勢自然就更強

大。以心宅來說，也就是開始添家具、添設備，也包括拓展新房間，或者把兩個房間合併變大，整個元辰宮格局就越來越大。

　　當元辰宮格局越來越大，也代表著你整個人擁有更大的格局，繼而運勢變得更好。例如我有學生在工廠上班，透過元辰宮調整之後，他帶著這樣的意識，持續學習進修了理財班，也因為技術提升加上透過學習互動維護人際關係，如此，整個人變得比較有自信，結交了不同屬性的朋友，收獲了不同視野的經驗。

# Q<sup>65</sup> 調整元辰宮格局，是「改變」還是「不變」比較好？

元辰宮一定要調整嗎？例如我的元辰宮狀況不錯，那是不是「保持現況」就好？或者，如果別人的元辰宮每次進去都有新狀況，但我的元辰宮卻一成不變，哪一種狀況比較好？

的確，每個人的狀況不同。有的人就是每次進去觀元辰，狀況都「差不多」，有的人則是狀況越來越好。

那是不是，每次調整都應該加點東西比較好呢？

其實，這依然跟每個人的內心能量有關。例如有人透過禪坐，讓自己的心沉穩下來，並且長期讓自己維持在好的能量。即使最初調整時有些灰塵，等清理好後，能量揚起來，就能一直維持在好的狀態，那也不需要再調整。

但一般人的狀況是：經常身邊周遭，好比說在職場上碰到一些紛爭，或者親族中有人辦喪事，總之，因為某些因素導致能量被削減，那自然就需要調整。

所以為什麼會有能量鞏固期？就是希望每個人把能量鞏固好，維持「好習慣」。

每個人都是從不習慣開始去慢慢適應「好習慣」。最初能量剛轉變好的時候，一般人都會感到不適應，所以必須先習慣這

些「好習慣」。

在能量鞏固期結束後，有些人會開始自動地，他的內在格局會自動地擴展，一些好的東西會自動增加，只要是好的，就設法維持住。但若有人碰到新狀況，比如說遇到天災人禍，因而能量降低，那就必須來調整。有調整，就自然「有改變」。甚至也有人碰到所謂的「阿飄」，或路過的煞氣等，在元辰宮裡新增的東西就不一定是好的，那都要去調整改變。

回歸題目：改變，是因為體內狀況，可能能量降低，所以必須要調整；若原本狀況就是好的，都是正向的，那暫時沒有要調整什麼，那樣也不錯。基本上，改變只要是格局變大，是正向的，那都是好的。

談到此，也必須附帶說明，有人以為改變一定是好的，因此在沒有老師指導下，以為自己學過元辰宮，已經懂一點了，就自作主張，回去後擅自在元辰宮加點什麼，以為改變就一定變好。最後，反而帶來困擾。例如有個案例，她因為自己老公喜歡冬天，於是把元辰宮調成冬天，反倒帶來負面效果，畢竟，夫妻關係進入「冬天」怎麼會好呢？後來還是我們去協助調回來，才沒有讓狀況更嚴重。

所以改變不代表一定更好，若要調整元辰宮，最好還是有老師在旁指導。

# Q<sup>66</sup> 需要走上修行的道路嗎？

如果說觀元辰宮，會讓一個人越來越好，那是否最終會達到心靈體悟的高境界，然後步上修行之路呢？

**什麼是修行？**

**我經常跟學生講，其實，你我來到地球上，就已經是在「修行道」上了。簡言之，身為人類這件事，本身就是在修行。**

古老東方就有這樣的觀念，《大學》裡說的「修身齊家治國平天下」，這是一個同心圓概念，是一種修行的描述。基本上，修行就是修正自己行為。當自己變得夠好，就會影響到身邊一圈又一圈的人。

以自己為核心，你的人緣關係越來越好。

齊家就是第一層，是指你的家庭關係越來越和諧。

治國是更外圍一層，並非真的創建什麼王國，而是在你所屬領域，你會有自己的事業體，可能是公司，或是你成立的社團等。

平天下則是最外層，當然平的不是什麼亂世戰爭那種天下，而是一種生命境界，自己內心平穩，處在絕對的和諧心境。不管外面的大風大浪，你都可以讓自己比較快速的方式，去覺知

覺察自己的狀態。

　　所以，不用特別去「步上修行路」，因為，你原本就已經在朝著「修身齊家治國平天下」境界邁進了。

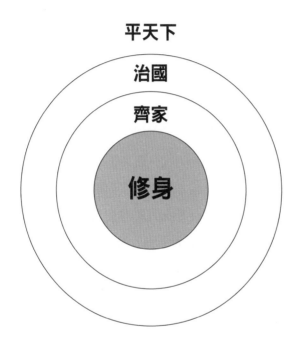

透過自己修身行為，來改善自己與自己、自己與家人、自己與同儕，最後與整個社會和諧的層層關係圖。

# Q67 一般基本觀元辰宮的方式與流程？

觀元辰宮，是否有很多派別？以老師這裡來說，整個流程是什麼呢？

簡單介紹一下觀元辰宮的流程。

客戶來到我們這邊，首先會請他填寫客戶資料表，都是基本的資料，包括姓名、生日、住址、職業等，都是經常填寫的資訊。當然，我們對客戶的資料會保密，恪守個資安全。

比較需要額外填寫的，則是比較會影響觀元辰狀況的，包括有沒有服用藥物有沒有犯罪經驗？或者是有沒有菸酒習慣？以及若有其他特殊狀況，都希望填寫者備註說明，畢竟，最終這些資料是要讓老師更能協助每位觀元辰宮的朋友。

**有一個特別需填寫的，就是要確定你的目標是什麼**，這個環節很重要。因為你是要來關注什麼？有的人是因為感情問題、有人是健康問題，還有很多人是關注自己的事業。這些都要表達清楚，如此，當觀元辰宮時，當事人和自己的引導師，就可以有共同的目標。

**這種擁有共同目標的關係，我們稱作為「協作關係」，就是學員和導師一起共同完成這件事的意思。**

當進來元辰宮後，專業引導師會告訴你，要用什麼樣的方式才能順利進入元辰宮？每個人都有六種方式可以進入元辰宮，但每個人優先的順序跟方法都不一樣。所以老師會試著讓你體驗，讓你感受一下，帶引你逐步進入自己的心宅。

實務的作業，男女有別。如果來觀元辰者是男性，我們大概都是選在一個敞開的空間。在我們的諮詢室裡，不是採用諮商椅，而是有一張床，當學員躺在床上，老師會說：「你就輕鬆地躺，然後也可以帶點動作，總之就是讓自己自在些，過程建議閉上眼睛。」

如果有人實在很緊張，問說：「可不可以不閉眼睛？」當然也可以，那樣的情況下，老師都會對學員說：「你可以看看天花板。」不過有時看到天花板上，若出現晃動的光影，或風吹動窗簾，學員可能比較容易分心，所以才建議閉上眼睛，學員會比較專注在內在所呈現出來的畫面。

當內在呈現出畫面的時候，就會知道是有顏色的還是黑白影像，又或者是說有其他的狀態，一步步和老師報告分析。

實務上，老師曾接觸各種特殊情況，比如說因為脊椎側彎、僵直性脊椎炎、過動兒或原本就身體不適的客人，對他們來講，我們的床能讓他們比較舒服，進入元辰宮也會比較順利。

個性比較容易緊張的人，通常雙手會抱在胸口，這些人在觀元辰宮的時候，很有可能大部分時候只「感覺」到一些不明確的徵象，例如說他看到紫色的光、白色的光或其他的影像，但

沒有很具體畫面，老師會配合引導他逐步「看見」。

我們跟宮廟的觀元辰宮是不一樣的，我們不需要什麼綁紅布條，也不需要任何東西去蒙住眼睛。

曾有人似乎對光線比較敏感，他說當他進到元辰宮裡面，有發現到好亮好亮的光，可是當他睜開眼睛，發現明明當時是傍晚，沒什麼光線，就會問老師，剛剛的光哪裡來的？

老師就會跟他解釋，那是內在呈現出來的光，每個人的光不一樣，看到的景致狀態也不一樣，這些都是學習的歷程，是每個人都可以辦到，只要你願意學習。

觀完元辰宮，導師會協助記錄你的狀態，然後過程中有不合適的部分，一定會引導你去做修正、修繕，讓你的元辰宮狀態整頓得比較好。

再接下來，老師還會針對重點環節做分析，協助指導解答。告訴你，原來你的哪個地方最近會出現怎樣的狀態？化成具體的建議，可能就是：有人想理財，告訴他適合投資什麼？或告訴他現階段不適合買股票等。或者資產要怎樣配置比較好？觀完元辰宮後，老師都會協助指導。

最後，老師會開回家作業給你，這件事一定要照做。諮詢結束後，因應每個人不同的宗教，也會有謝神的流程。

以上就是基本的觀元辰宮大致流程。

# Q元辰宮親面及代觀的差別？

聽說也可以遠距離代觀？這樣觀元辰宮有效嗎？和親面觀有什麼差別？

親面與遠距離代觀的差別在哪裡？

先來說說為什麼會有遠距離代觀這樣的事？那是因為很多人可能人在國外，當初他們第一次來找我觀元辰宮時，當然是面對面，畢竟他們還沒觀元辰宮前，不知道我長什麼樣子，也不知道老師的功力，總是要親自來體驗。

當他們來的時候，我會帶著他們，教方法，引導他怎樣才能用最快速的方法進入，方式就是我們經常講的，眼耳鼻舌身意，讓他能夠快速地進入狀態，去看他元辰宮的心靈風水、心靈殿堂以及整個心宅部分。當然在調整完後，他會有明確概念。

第二次之後就會很放心，當他人在國外，但又想要觀元辰宮時，因為已經對老師很放心了，就會想做遠距代觀，他們會線上聯繫，問可不可以跟我約定時間？然後就在約定好的時段，我來幫他做整理，這樣遠距離代觀當然是可以的。

另外有些人，他是屬於那種不想面對自己，可能是自我批判比較強大的人，很多這樣的人也會選擇遠距離代觀。

基本上，遠距離代觀就是一個代整理的概念，就例如：你今天去找打掃的阿姨幫你打掃家裡，跟你自己打掃家裡，是不是程度不一樣？當然如果有打掃阿姨幫忙，再加上你自己也打掃，兩人一起打掃，家裡就會更乾淨。就是這樣的概念。

　　遠距離調整完之後，客人有分兩種狀況，一種就是我只是想體驗看看，我怎麼知道好不好？反正你說了算。另外一種是，覺得老師說的跟我的感受非常貼切，然後我確實是要按照自己調整的能量去改善，我可以去感受看看。你會發現，當自身願意這樣去嘗試時，能量轉化速度就會非常快速。

　　其實你今天既然花了錢，也就代表你選擇專業、有品牌、安全性和可靠性高的老師，讓這樣的老師來替你做服務，你就全然放心地把自己交給他吧！

　　我自己培育出來的老師，都經過我的考驗考核，然後校準。校準的意思就是，他們在遠距離代觀之前，實戰經驗都要非常強大，才能夠有等同的靈性匹配，做這樣子的服務，所以這一點大家可以放心，把自己內心的一些疑問，把想要問的事情提出來詢問。

　　我本身的個案有很多都是企業老闆、委員政商名要，或是藝人，總之都是非常活躍的人。

　　這些人來到我們這邊的時候，大部分都會說是誰介紹來的，並且問我能不能幫忙保守祕密。請放心：客戶的祕密都會守好，我們也會替客戶解決相關疑難雜症。我們是以解決問題為主要，

若是該案例太經典，想要去分享或教學的傳承，絕對會匿名，任何人都無法猜到個案講的是誰。

　　總之就是請放心，讓你自己處在可以能量交流的狀態，觀元辰宮改善自己，是可以添福報的。

# Q69 體驗會跟一般的觀元辰宮有什麼差別？

很多的新朋友第一次接觸到元辰宮是在體驗會上，想請教在體驗會裡的觀元辰宮和一般的正式觀元辰宮，有什麼差別？

差別當然是有的，市面上很多的課程也都有體驗會，但那只是帶給民眾初步了解，真正要學習得到知識或感受，還是得參加正式的課程或活動。

以觀元辰宮的體驗會來說，情況一定是一對多，老師分享的就是所謂的公眾版的內容。也就是說，以能量角度來看，每個人頻率會不同，但還是有共通的學理，或大致能量方向是一致的。在體驗會的場合，老師會在參與學員中間穿梭，在這樣過程中，就會有一些能量的鏈結。

但正式付費觀元辰宮，自然就是一對一了。

老師會全程專注在「你」的身上，同時你也專注在自己內在觀元辰宮的這個部分。

老師會很細緻地針對你的部分做說明，做出細緻調整，當然差異很大。

實務上，在團體的情況，即便是一對多，也是有人能感覺透過到這樣的體驗，自己已有所提升。如果他曾經有過內斂、內

觀等，基本上有相當的修為基礎，感受性就會比較強，也確實有人會經常性的這樣參加體驗會。

經常的情況，在體驗會的時候，由於現場人比較多，有一些人個性比較害羞、或是防衛心比較重的人，也會比較無法放開自己，體驗當下。而當自己在擁有這樣的能量頻率共振的時候，也會同時散發出來某些特定的氣味（嗅覺敏銳之人可以聞到），如同動物界裡有一些動物本能性的為了逃避，會散發出刺鼻難聞的味道來防禦是一樣的道理，因此自己也會受到干擾。我也曾遇到學員後來預約一對一時提問說：為什麼當時在現場狂發手汗？這種能量頻率是不是與集體能量有關係？答案自然是的，我們在觀察許多乩身前來體驗時、或者本身有請泰國佛、特殊法門等彼此能量相排斥的情況，都會發現集體干擾的情況。

為了避免這樣相排斥的狀況，因此藉由一對一的時候，我們提供能專心專注讓自己安全的環境，這時候再來整理自己，這樣自然跟在體驗會上的感覺就會有很大的不同。

所以大部分時候，體驗會的學員，如果真正碰到什麼樣的瓶頸，還是會想親自找老師來上課，因為他會想了解自己。而且，在團體活動場合，通常也不方便把自己較私人的事公開說出來，還是希望可以跟老師面對面，共同協作調整。

唯有在這種狀態下，他才能夠掌握自己的進度，知道自己想要怎樣地去擴張改運，活出更好的自己。

總之，還是面對面讓專業導師專門為你指引會比較好。

# Q 70  找老師觀元辰宮就好，還要學習嗎？

如果我們碰到各種狀況，找老師就可以幫我們處理了，那我們個人還需要學習如何觀元辰宮嗎？

的確，有的學員會這樣問，都已經慢慢調整好自己的能量了，為什麼還要學觀元辰宮呢？

其實是這樣子的，通常遇到問題，我們都會想說，先趕緊找老師，調整之後會希望能量維持，所以在能量鞏固期，最好還是自己學一下觀元辰宮會比較好。

就好比有人長期看跌打損傷，師父會幫他調筋骨，但也會吩咐，病人自己也要懂得一些熱敷及按摩原理，請他回家每天自己做，這部分就不一定需要每次都得跑到診所來。同理，我們觀元辰宮，老師也會希望被調整的人，自己能學會基礎，可以在家自己調整。

每個人學會觀心宅，懂得調整自己的內在，調整自己的運勢，那麼每個學員都能當一個幸福小衛星，藉由提升自己，擴散影響力，影響周遭的人。

以我們這邊的案例，確實有一些企業家習慣長期性找老師調整而自己不願意來學習。他們一來是沒時間，二來是不願意在

課堂上與其他同學分享自身的祕密。基於尊重當事人，老師也不會強制要求他來上課。

　　經過一段時間後，當事人漸漸可以明白自己的慣性與調整的方向，老師也會看緣分多說一些當事者需要留意提點的地方，他可能想維護家庭的關係，但不方便講出夫妻間的祕密，乾脆直接請夫人來上課，讓她在教室裡透過學習改善自己。

　　也曾有女企業家，本來因為忙碌不願意學習，但後來撥出時段來上課後，也懂得可以自己在家調整自己，後來整個人感覺都不一樣了，時間管理也增強了，不會像以前一般窮忙，對於自己的業務也做到收放自如，帶領的營運團隊也明確感受到主管變得不一樣。

# Q 為何元辰宮內守護神會改變？

如果每個人進入自己的元辰宮都可以遇到自己的守護神，那這個守護神是分派的嗎？有可能守護神會換人嗎？

的確，守護神是可以變換的，但不該想成是「被分派」的概念，因為心宅其實是透過高次元的維度，投射出我們的現狀。心宅裡的守護神，也是因應這樣的「投射」，如果說是誰派遣的話？那就是自己的「超我」派遣的。

以實務來看，有人的元辰宮守護神，一下子是釋迦摩尼佛，一下子是觀世音菩薩，一下子可能又是耶穌基督。

不只是守護神，包括單身女孩，進入自己元辰宮臥房時，可能會發現先生的樣子也一直在變，可能一下子是美國人，一下子是英國人，一下子是日本人等。

基本上，如同前述，元辰宮是對自身狀態的高維度投射，保護我們的守護神，是能量場上的一個高我智慧。守護神的任務，就是透過祂為媒介，指引我們人生明確的方向，如果當事人願意好好地、安穩地去度過這個課題，那這個守護神會持續導引你。

舉個比喻，就好像我們開車，不是都有安裝 GPS 嗎？透過這

個裝置，會告訴我們前方右轉，這樣才能去設定好要去的地方。但如果不小心忘了轉彎，錯過了路口，那怎麼辦呢？沒關係，GPS 會做調整重新導航，告訴你，這次在哪個路口右轉，然後再右轉，可以通往哪個方向。其實在我們心宅裡，守護神就是扮演這樣的角色。

同樣地，關於另一半，也是反映一個人內心裡所設定的，對理想另一半的要求。你希望的靈魂伴侶是什麼？其實最好能夠先穩定你自己，如果自己內心不安穩，無怪乎今天是美國人，明天是日本人了。

當心宅給予我們導航指引，但我們就是「不理他」，也就是不願傾聽自己內心的聲音。那就好比車上放 GPS，但從不依照導航來開車，到後來，這樣的導航也就沒有意義。我們的元辰宮，若長期受到自身漠視，也會是如此。

當自己的守護神「自我神性」都放棄我們了，那人生就比較危險了。

所以建議每個人，還是要傾聽自己內心的聲音，觀元辰宮時，也要尊重我們的守護神。

# Q72 元辰宮可以看出做生意的潛質嗎？

在元辰宮裡，廚房代表的是財運也代表事業。想要問，要怎樣透過觀心宅的廚房，了解自己是否適合從事創業？

有不少人的人生願望，就是自己創業當老闆。姑且不論自己個性適不適合，或者資金足夠與否，單就人生境界來說，他們認為當老闆就是種成就。

但這社會的實情卻是，創業的失敗率遠大於成功率，據專業統計，新創事業前五年內成功率不到1%。以此角度來看，的確，我們在考慮自己是否要當老闆前，要經過審慎分析，透過觀元辰宮，也是一種很好的方法。

在我們的廚房，不只可以看適不適合當老闆，並且還可以分辨能當大老闆還是小老闆？特別是現代微型企業非常多，包括在網路商城開店，也算是老闆。無論如何，做事業，適時適性最重要，有的人可能適合運籌帷幄經營企業，有的人則比較適合在商圈開個麵店，找到自己要的，人生才會快樂。

關於如何透過廚房觀一個人的「老闆格局」，實務上有很深入的學問，無法一一列舉。這裡只簡單做說明，常見的例子，廚房裡的爐灶就跟當老闆的格局有關。

### 傳統式的爐灶

這樣的人有當老闆的潛質，因為古式的爐灶非常需要親力親為，要有一定的功夫。

### 普通的黑鍋

材質包含多樣，例如常見的是鋁鍋、白鐵鍋等，基本上就是「一般般」的鍋子，這樣的人創業會有問題。因為這些鍋子，都要搭配其他的工具才能成事，如果沒有適當的匹配，只憑小鍋子就想創業當老闆，可能開店沒兩三個月就經營不善關門。

### 電磁爐

電磁爐型的是賺取快財者，可能是一人之下、眾人之上的總經理特助，或者是董事長祕書，也可能是自己在家炒外匯者。如果其他配置沒有搭配得宜，也只能財來財去，不但守不住錢財還得替人數鈔票。

我見過有一些很誇張的案例，有人透過網搜，自己做功課，學習創業方法，也依照網路指示備齊一切最好的工具，然而雖然看似有準備，實則內在整合性並沒有考量到（也就是他的元辰宮還是混亂的），這個人最終不但生意失敗破財，還被捲款整間店被扛走。

所以在做大決策前，還是尋求專業的老師先諮詢，透過觀元

辰宮專業的分析，做整體考量再來創業比較放心。

當然，以上只是簡單說明，實務上要看整體搭配，廚房裡會有各式各樣的工具，都有相應的詮釋。其對應於一個人當老闆所需要的延續性，甚至也包含資金流動性。另外，還包括一個人適合當「哪種類型」的老闆。有人是獨斷獨行且愛發號施令的，有人是喜歡捲起袖子跟員工同甘共苦的。搭配廚房的狀態，都可以有相應的認識。

另外，關於是否可以當老闆，還有一個景點很重要，那就是書房，例如有一個朋友，他的元辰宮裡有個「顧問」，那個顧問叫做馬雲。

由此也可以看出，元辰宮是生命狀態的呈現，而不是真的有神明派駐，畢竟，馬雲是現實生活中仍健康活著的事業強人。

在這樣的案例裡，馬雲顧問代表的就是在你生命中，會有馬雲這樣的經營之神擔任顧問，也就是說，經營事業的時候，內心會有種智慧來協助指導，這自然是很好的事。

將來做生意的時候，顧問會走進書房裡，為你的決策提供建議。

其他狀態，在書房裡會出現的人，只要是商業巨擘，也都跟經營事業有關，基本上這類的人，都有做生意的潛能。

那也許就可以好好來擘畫，怎樣來創業當大老闆吧！

## Q73 元辰宮調財運是用功德福報交換的嗎？

什麼是補財庫不可不知的三件事？

關於人生，我們透過命理領域聽過很多「傳說」，例如前世積陰德為這世帶財，或者有人天生的「財庫」內有這輩子應有的「福分」等。當我們透過元辰宮調整財運時，過程有牽涉到拿「功德福報」來交換嗎？

先說答案：沒有的，調整元辰宮，跟功德福報交換沒有關係。

我們平日做人做事，就該經常性的行善、做布施等累積福報，也可以做到相應的功德迴向，但這些和元辰宮沒有直接關係。

我們調整元辰宮，絕非「拿以前補現在」或「拿未來補現在」。再次說明，元辰宮是高維能量的「內在顯化」，當你透過吸引力法則去和宇宙聯結，會形成一個能量流，讓好的東西圍繞在身邊，這是我們調整元辰宮增進財運的方法，並非拿過去或未來的福分來交換。

財富的進來，不是不勞而獲，而是先了解自己的屬性，進而可以藉由「適合自己的模式」來創富。

補財庫最重要的三件事：

## 知命

透過觀元辰宮了解為什麼你會是現在的樣子。

## 認命

這點其實是最艱辛、最困難的，因為你必須要去臣服你的命運，好比說你就是沒有當老闆的命，但你偏偏就想當老闆，這樣子不合自己性格卻去硬拚，往往沒好下場。當處於這樣的時候，內心會糾結，但你必須去認命，然後才能進到下一步。

## 創運

當了解自己，接受自己後，就可以應用自己的特長，去發揮自己，創造自己的命運。這樣才能真正帶來財富。

認識這三件事之後，你會發現你可以開創你想要的，包括你想要過怎樣的生活？你想要擁有怎樣的生活態度？你希望身邊圍繞什麼樣子的人？或者是你想跟怎樣的人共事？

這些都可以在適合自己的基礎上開創，然後我們要用一生去維繫，這就是我們元辰宮所做到的開創。

# Q74 如何透過觀元辰宮改善婆媳問題？

自古以來，兩個家族結合時，永遠存在的問題：以新嫁娘來說，就是她在娘家有個媽媽，夫家也有個媽媽，但在娘家的生活模式無法帶來夫家，於是常會發生婆媳問題。觀元辰宮可以處理感情問題，也包括婆媳問題嗎？如何做到呢？

在元辰宮裡看到觀到我們的感情狀態，包括各種人際關係，也包括夫妻關係，以及婆媳關係。

這裡的婆媳關係，甚至也包括尚未結婚的狀態，也就是尚未透過正式婚姻產生姻親關係，但已經可以看出，準媳婦和未來婆婆間可能會有的問題。

其他也包含子嗣關係。

例如有位客戶，結婚幾年但沒法懷孕生子，於是帶太太來觀元辰宮，在元辰宮裡面，就看到大廳有些徵兆，代表碰上什麼瓶頸。

關於婆婆也是這樣，比如說有的時候，婆婆對夫妻表達強烈的關心，造成壓力，這在元辰宮的大廳裡，也可以看到徵象。經過適度地化解之後，那對夫妻後來成功生育孩子。

關於婆媳關係，我們也碰過一些婆婆管太多的案例，那麼在

觀元辰宮時，在主臥房或是大廳都能見到蹤影，畢竟無論我們長到幾歲，在父母的眼裡始終是個孩子，當父母堅守己見不肯退讓，或是面臨到因為年紀歲數到百歲，難免會因為失智、遺忘甚至是懷疑，而影響小倆口的生活品質。這種時候也特別可以透過觀心宅來找出解決之道，回去後應用執行也都能緩解生活摩擦的壓力。

　　總之，先找出問題，再來化解。透過觀元辰宮，可以看到各類人際關係問題的阻礙所在。

# Q75 觀元辰宮能改善婚姻關係嗎？

夫妻本是同林鳥，但也可能大難臨頭各自飛。到底夫妻關係是命定的，還是有什麼前世今生淵源？透過觀元辰宮可以改善婚姻關係嗎？

答案當然是可以的，事實上，來老師這裡觀元辰宮的朋友，很多都是為了夫妻關係。

其實夫妻關係不是單獨存在的，往往跟其他議題有關。舉例來說，不是有句知名諺語「貧賤夫妻百事哀」嗎？也就是說，財富狀況跟家庭和諧有密切關係。此外有沒有子嗣，或者婆媳關係等，也都和夫妻關係有關。

在實務上，常見到的婚姻關係卡關，可能還牽涉到複雜的第三者，所謂的小三小四。另外，也有跟性能力有關，另一種則是跟孩子教養有關，許多家庭為了教養問題，吵到伴侶變怨侶。

詳細的說明，包含很多層面，每個人個案狀態不同。

基本上，透過主臥房，可以看出：

・一個人跟她的先生間哪些地方出了問題？

・是否有小三問題？

・是否因為性需求不滿足，還是因為性需求不協調？

・是否經常為了小孩子吵架？

・是否經常為了金錢上瑣碎的事情吵架？

・是否婚姻有太多外力干預？

基本上，跟另一半如何相處的種種問題，都可以透過觀元辰宮來了解，例如有一些客人，可能自己在社會聽聞別人家怎樣怎樣後，覺得自己的另一半「不合理想標準」，因此會來要求換理想對象。

當我們處理客人問題時，必須要小心客人是否用「左腦強制」（也就是他們會說「應該」怎樣怎樣）。往往這類批判性用語出現時，我們就能知道那是客人被社會規範洗腦，內心有了定見，這樣後續維護也會比較困難。

但人心是超越想像的，不該被社會上別人的狀況所制約。例如我有學員，觀元辰宮時，內在獲得的資訊，讓他覺得「怎麼可能那樣？」但幾個月後，偏偏就真的如觀元辰宮所預視的，嫁到國外去了。

關於婚姻，以及與伴侶間的種種關係，更進階的處理，還是必須配合個案，由老師來一對一指導。只要有心，就算原本瀕危的婚姻，都還是有可能回春。

# Q<sup>76</sup> 同性戀者也可以觀元辰宮嗎？

現在已是性別平等的時代，但畢竟，觀元辰宮是比較「古老」的學問，那個年代觀念比較保守，所以同性戀者也可以觀元辰宮嗎？

既然元辰宮是我們生命狀態的顯化，自然不會有任何歧視問題，而是現況的展現。

不論性向為何？同性戀也好、雙性戀也罷，大家都可以觀元辰宮，重點在於誠意，不在性向。

我們一直秉持的原則是：每個靈魂都值得被愛。所以同志朋友們，也一定可以透過觀元辰宮，來調整他的人生方向。

比如說他也覺得賺錢有些卡卡的，這無關性別。或者在感情議題上，覺得老是在換伴侶，這就需要觀元辰做調整。包括他可能常被劈腿，或許表示內心裡安全感不足，因為內心不穩，影響他的現實生活人生，這是可以調整的。

而不論是同性異性，只要是兩個人在一起，就一定有種種磨合問題。比如說若真想長長久久的交往，必須做到三觀上，也就是彼此人生觀、世界觀、價值觀的共識，就算無法一樣，但至少要能彼此接受。

這些都可以透過觀元辰宮來做婚前的調整以及婚後的維持等。

其實不需要凸顯同性戀問題，就算是男女結婚也會有這類問題，基本上就是要取得共識了解。然而了解往往並不容易，若有些滯礙，可以透過觀元辰宮來找出原因，然後知道哪些地雷不要亂踩？或者是哪部分情感可以再加溫？這些都可以透過觀元辰宮知道。

以綜觀角度來看，觀元辰宮還必須一起看待金錢議題、性愛問題等。

最終，我們還是要強調：每一個靈魂都值得被愛。

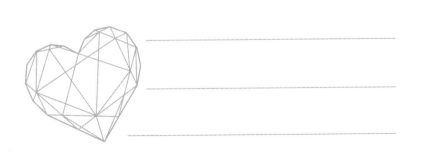

# Q77 觀元辰宮可以觀到靈魂伴侶嗎？

不論是男是女，雙方要走一輩子，內心在乎的，就是「他是不是那個對的人」？觀元辰宮，有助於我們找到「對的人」嗎？

有些特別的坊間一些宮廟或傳統的一些地方，他們觀元辰宮的方式，可能非常傳統，就是認定男生該和女生在一起，靈魂伴侶方面，也已被這般設限。

實務上，這當然是不對的，在老師這邊，有很多客人是同志靈魂伴侶的匹配。他們來觀元辰宮時，都會問：在感情世界裡面，我現在要不要決定跟這個人相處一輩子？又或者是我這一段感情，是不是對的？跟這個人要怎樣好好相處？

每個靈魂都值得被愛，不論男女都一樣。透過觀元辰宮，人們在內心深處可以去匹配、感應，甚至是看見自己的另一半，到底是什麼樣子。

這裡分享一個實際案例，我們有個客人是男同志，那天真的很神奇，他和他的伴侶一起來觀元辰宮。他在房間內接受老師指導，另一位就坐在外面大廳等候。結果裡頭那位，在自己元辰宮的臥室裡看到一個飾物，他就在老師面前，畫出這個飾物。巧的是，當時在外面等候的伴侶，因為等待太無聊，也拿出紙

筆來隨意塗鴉，等當裡頭那位朋友結束出來，一看到伴侶畫的圖，當場楞在那，因為雙方的圖相似的驚人。

你說這是巧合嗎？還是該說這就是雙方的「命定」？

事實證明，他們雙方非常登對，也喜歡共同做一件事情，談相同的話題，就是說在一起很快樂，真的彼此在一起非常快樂。

也許有人身邊已經有某個人，只是自己內心一直在猶疑，對方到底是不是「對」的人，也許透過觀元辰宮，確實可以讓你看見或感應到，然後更確定，他就是這輩子來陪伴你的人。

既然是靈魂伴侶，彼此就要好好相處喔！

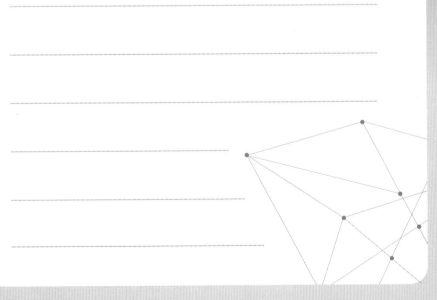

# Q 觀元辰宮可否看到未來另一半的樣子？

好像不同的國家，都有大致的傳說，在某個時辰，好比說深夜透過某種儀式，例如說點蠟燭，女孩子就可以在鏡中看到自己未來的另一半。觀元辰宮，也有這樣的效果嗎？

關於另一半，如果說可以透過鏡子看到完全不認識的人，這案例比較少見，畢竟，觀元辰宮並不是看水晶球，元辰宮展現的還是現在的狀態。

但常見的情況是一個人身邊已有某個人，不確定他是不是就是對的人？或者出現很多的人，不知道哪一個才是真命天子。

我們分兩個方式回答：

第一個是面對面的方式：因為面對面，客戶來到我面前，我可以陪著客戶去觀元辰宮，所謂靈魂殿堂所匹配的對象，常常可以有幾個地方去參照。

## 大廳

在大廳，神明可能就有對象匹配給你。這個是一個很重要的景點，是當事人可以覺察的地方。

## 主臥房

　　這裡主掌感情，我們可以協助替客戶解決一些感情的罣礙，有可能是前任或前前任情人，或者是青梅竹馬，或者最近會遇到的某人，都可能出現在臥房裡。代表一定的意義。

## 書房

　　在書房裡面，就是我們俗稱阿卡西紀錄所在地，翻開無字天書，那裡是可以有問有答的，只要問對好問題，無字天書他就會用好答案的方式來回答你。

　　舉例來說，你可以問我該出席怎樣的地方，有機會遇到我的真命天子？透過天書的答案，老師會協助記錄，後續還要靠回家作業，經過努力來找到對象。

　　第二個就是遠距代觀的方式：很多做遠距代觀的客人都會問說：我的真命天子長怎樣？老師都會儘可能的做簡單描述：例如大概多高？有什麼特徵，像是戴眼鏡或愛穿什麼衣服，也許這些資訊不夠精確，那老師會透過觀元辰宮，再找到更進階的訊息，例如「你最近和他之間有什麼小誤會？」或者他有什麼較大的特徵等。

　　實務案例是有個女性客戶，身邊有三個主要的追求者，她一直無法判定哪一個才是 Mr. Right。經過觀元辰宮，抓到一些訊息，包括對方年紀可能大她七歲，戴眼鏡帥帥的，經常週三見面等。結合那麼多資訊，相信她應該就可以更清楚知道那個人

是誰？

　關於真命天子（或真命天女），有時候，可能在主臥房看到「他跟她」的婚紗照，但這就代表那個人就是真命天子（天女）嗎？倒也不是這樣。實際上的解釋，還是要搭配老師以及其他的分析，才能綜合說明。

　無論如何，透過觀元辰宮，的確可以為找到另一半做出指引。

**為何調整完感情後，父母卻要求分手呢？**

似乎常有這樣的案例，明明為了某個對象，去觀元辰宮，然而當以為一切明朗後，接著卻接到家中嚴重的警告，要我們和那個人分手？為何會這樣？

是的，是有這種情況。

一個人調整完感情後，明明本來是希望跟男朋友感情回溫。但是才調完後沒多久，父母親卻提出要求，希望她跟男友分手，怎麼會這樣？不是應該「越調越好」嗎？

關於這點，我要跟大家分享一個觀念，我們的元辰宮是這樣子的：每個人的靈魂深處，都有主神來替我們做主。你的主神有時候會顯化，呈現誰是適合你的對象，或者是覺得你正在忍受委屈、亦或祂覺得有不公平待遇等，你的主神會替你挑選合適的人。

所以我們經常會遇到，例如守護神是手上拿著大刀的關公，當客戶調整完元辰宮後，關公大刀一揮，就是要斬斷一段不適合當事人的感情，或者是不適合你的工作。

但是請放心，祂會快速幫你接上更好、更適合的對象，或者在工作上，幫你找到更不錯，或可以升官的機會。

我們有太多的個案回饋，原本曖昧不明拖延許久的感情，一調完元辰宮，才沒隔三天，就發現男朋友劈腿的證據，堅定分手的決心。其實這件事本來就存在，只是當透過調整元辰宮，讓它「顯化出來」。這個案例，一個禮拜後就無縫接軌的交了更好的男朋友。

　　又或者是有些人想打離婚官司，很想跟自己的老公離婚。當事人來調整的時候，也出現她的守護神，透過跟守護神告知自己的困境，結果也是調整完元辰宮沒多久，先生就真的主動提離婚。

　　基本上那些事都不是突然發生的，而是糾葛多年的事件，只是透過元辰宮，就可以不再讓雙方打迷糊仗，快刀斬亂麻地讓這事幾個禮拜內就快速發生。

　　話說回來，為何有的人才調完元辰宮沒多久，父母就主動出面希望孩子和對方分手呢？同樣的道理，父母內心早就對那個人不滿意了，只是不好說什麼，但透過觀元辰宮後，刺激父母下決心，所以才會發生觀完元辰宮後父母就干預的事。

　　基本上我們該信任自己守護神，若不適合的對象，就不需要勉強在一起。

# Q<sup>80</sup> 元辰宮能調整性方面的問題嗎？

這問題聽來很害羞，但相信很多情侶間會關心性方面的議題，這方面元辰宮也能提供協助嗎？

如果我知道某個男生非常愛我，但是他在性方面非常冷淡，不知道這種「不積極」的狀況，在學到元辰宮後，可以協助他對性方面能夠「再熱情」些嗎？

答案關鍵在主臥房，好比說主臥房裡的廁所就跟性的議題有關。

其實不論男女都一樣，女生在意男生不夠熱情。男生也可能覺得女生很冷感，覺得雙方間需要一點潤滑調情。

不論是夫妻雙方或者男女朋友間都一樣，關於這方面的種種細節，也是依照個案而訂。

比如進入元辰宮後，發現他的床太高，你的床太低，這就是一種不協調。另外你的鞋子是一雙、兩雙？還是太多雙？這個也有影響。然後再來你們喜不喜歡在做那件事情的時候，想著彼此？那關係到枕頭你有沒有好好調整？透過觀元辰宮，都可以好好的去強化。

在調情方面一定是透過廁所，如果裡面沒有浴缸，我們會慢

慢地先從蓮蓬頭，也就是我們的花灑，一個個添加，讓整個浴室逐漸擴充，可能加上乾溼分離，原本沒浴缸變有浴缸，甚至浴缸裡面要放一些水，再放一些芳香劑或加點浪漫的蠟燭等。這些都有適度的催情作用。

　　更細部的，牽涉到男女和合術，則需要老師個別指導。

　　此外，記得內心的窗戶一定要敞開，而且希望對方心裡面只想著你，關於這些都有具體步驟，也是需要一對一教學。

# Q 81 另一半在性方面不浪漫怎麼辦？

婚姻與愛情是兩個人間的事，若我這邊很賣力付出，但對方卻回應冷淡，這方面有關性的問題，元辰宮可以如何解決？

在我這邊，經常遇到這類個案。

很多夫妻來找我調整，可能是因為太太性冷感，但也可能是先生性冷感。當然性冷感不代表不愛對方，不同的情侶有不同的狀況。但無論何者，都可以透過元辰宮調整。

這裡要特別強調的是，男女是有分別的，造成性冷感的背後原因往往不一樣。因此調整的方向也是不一樣的。

以男生來說，可能因為生活有很大壓力，包括金錢方面覺得賺太少，導致在性生活方面提不起勁。女生則可能有另外的問題，其實她只想要被愛，但內心有一定標準，如果對方不完全照她的標準做，她就認為男生不夠愛她。這樣的性格，可能源自於本身安全感不足。

以上兩種性冷感的背後原因，截然不同。

所以當發生問題，如何在性方面做到溝通，取得雙方的平衡？

大部分來找老師調整是女生，透過觀元辰宮，我會讓女生知道：喔！妳原來狀態是這樣，然後妳會接受什麼樣的表白方式？

或者是何種浪漫方式？那妳的另一半，又有什麼特質？

　這樣分析後，就請想想能不能夠接納他呢？其實他也是用他的方式在說愛妳，只是跟想像的不一樣而已。

　當了解雙方對性浪漫的定義不同，就更能調整彼此關係，讓關係升溫。

# Q 82 男性精子量不足，可以從觀元辰宮中調整嗎？

這是另一個也是牽涉到「生理」的問題，觀元辰宮可以控制男性的精子量嗎？

本題的答案也是肯定的。

我們都知道男生的精力旺盛，其實是跟腎血系統有關係的。

在我們元辰宮的大廳裡，可以看見元神燈，或稱延年燈，還有就是我們元神最主要的三盞燈，這些燈一定要夠亮，這牽涉到一個人的健康。當然也牽涉到他的精力。

有時候觀元辰的時候，看到對方的燈都是一盞盞的蠟燭，明明滅滅的，相對應的這個人也是有點恍恍惚惚的，這樣的狀態，一定非常不好。

其實不論男女都一樣，相應於女生婦科的位置，男生則是下腹部的地方，對應下來，例如是不是神桌底下太過凌亂，在觀元辰宮時就要去做檢查，有的時候會發現神桌的背面有被釘東西，都要去處理。

此外，在廚房，在主臥房，在浴室，也都有相應需要被調整的地方。實際應用，要看個案。

當問起精蟲多寡，其實就是問他的整個人是否氣血旺盛。當

一個人氣血旺盛，你會感受到他的活力，包括他的頭髮也會變黑以及變得茂密。當這樣的時候，你就知道他的氣血回復，精力也回復了。

但這些事情並非一蹴可幾。氣血不是一夕間就能提升，過程需要觀察，中間有些搭配作業，例如要適當的食補。

此外，有些人可能是因為受到驚嚇，是因為心理上或情緒上的狀態，影響精力，這又有另外的方式處理。

無論何者，都要透過觀元辰宮，配合老師的指引，一步步調養。男生精力會回復旺盛，女生則會皮膚變好。外觀大家都看得見。

# Q83 元辰宮內的花草樹木可以任意更換嗎？

在每個人的生命花園中所種的花草樹木都是命定的嗎？我可以更換嗎？換錯了會怎樣？

提起生命花園，那裡有生命樹和生命花。

有的人說他很想知道他的生命之花是不是牡丹花？如果不是牡丹花，那可不可以幫我換成牡丹花？

其實這類的問題，還真的挺多的。

有人不喜歡他的花，有人則不喜歡他的樹，會說我的樹太大了，可不可以換小棵一點？或者我孩子的樹太小了，能不能換大一點？

其實在元辰宮裡出現的生命之花和生命之樹，都代表每個人的狀態，也就是說我們都必須得去接納自己、去認同自己。

如果你自己都不認同自己，那你要怎樣去做調整呢？既然你的生命狀態就是如此，你為何想去把它砍掉換掉呢？

會有這類狀況的人，某種角度來說，他打從心底「否定自己」，不允許自己有另外一面，也不會欣賞自己好的那一面。

另外一種情況，就是太自我挑剔或者有著強烈自我要求完美的特質。

所以每當有客人問「生命之花可不可以換?」這類的問題時,我們通常的處理方式是不推薦換花換樹,而是會引導客人接納自己本來的樣子。

　　在上課的時候,很多學員剛開始看到生命花園的時候,可能只是一朵小雛菊或者是一棵不起眼的小草、小樹苗。但那就是學員本身真實的狀態!經過溝通,讓他們了解,或許內心裡,他一直強迫自己扮演什麼偉大角色,但其實不需要給自己這麼大的壓力。好比說不關自己的事,也要去硬扛,活活把自己累死。透過觀元辰宮,能讓自己了解自己的狀態,這樣,他也許會活得更健康、更開心。

# Q<sup>84</sup> 觀元辰宮能讓眼睛變好嗎？

我在觀元辰宮時視力會不會變好？我想改善視力、緩和乾眼症或者其他眼睛相關的疾病，那調整元辰宮是不是能改善呢？

在調整元辰宮的時候，可能會用意象顯現某些東西，那些東西表示原來我們內心裡有某種壓力，也就是當事人可能不願意去「面對」某些事，這也導致「暫時性地」眼睛看不到。

這是心理因素的眼疾，有時候也會發生眼中風。

常見的情況，仔細去追蹤，原來有些人可能是因為不喜歡父母吵架，然後透過情緒反應，壓力上來了，導致眼睛暫時失明。

在這種情況下，我們通常在整理元辰宮時，老師會協助讓當事人理解原來是因為這個樣子，所以我們才去調整。調整完後，內在就會整合，透過顯化，視力就會慢慢變好。

但以上是指心理因素。

另外一種情況，若真的是視網膜破裂剝離，或者是眼神經系統出狀況，那當然就要去找眼科醫師。

很多時候，則是二者兼具，例如透過醫療體系調整身體狀況，但也同時透過觀元辰宮，找出內心問題，如此，一個人康復的速度，就會更快。

# Q 85 當觀元辰宮出現冤親和債主阻攔，花公花婆不幫忙調整怎麼辦？

提到冤親債主，感覺上很可怕？能夠處理嗎？具體狀況是怎樣呢？

所謂的冤親債主，在元辰宮裡面不是必然會出現的，大部分人觀元辰宮時，就只是調整自己的狀態。但若遇到特殊狀況，真的遇了怎麼辦呢？當然就是必須直接去化解。

化解的方式很多種，有的人可能在進到元辰宮的過程就出現阻礙。例如畫面不清楚，或者總覺得有股力量拉著你，不讓你進元辰宮，這種狀況都是有的。關於這方面屬於更進階的實務，必須個案處理。

再來就是在大廳裡遇到，那是掌管大運的地方，有些人平時沒有常常和神明連結，不對神明尊重，沒有誠心祈福，那麼當有需要的時候，神明也通常讓你找不太到。

既然元辰宮是現在狀態的顯化，找不到守護神，那就代表「迷失了自我」，找不到智慧高我的連結，必須要進階處理。

當在大廳裡面，我們會遇到的冤親債主包含什麼呢？可能包含祖上的業力，例如往生的爺爺奶奶或者是親朋好友，都有可

能在這個地方出現。

當遇到了，就只能面對、好好的解決它，那都是代表有相對的課題需要處理。相關冤親債主，會出現在不同的景點。

一個真實的案例，有個客戶，她來找我們的時候，是因為她的事業不太順，身為老闆的她，期待要賺大錢。我們就問她：什麼是賺大錢？一百萬算很有錢嗎？還是兩百萬？三百萬？

經過我們追問，她才訂出一個明確目標，接著就帶她進入元辰宮。

那過程很不順利，光進入元辰宮，就得經過一圈又一圈的樓梯，必須不停的繞圈讓她幾乎暈頭轉向，好不容易進入元辰宮，大廳的狀態，也是慘不忍睹，根本就灰濛濛的，甚至還有明顯的霉味。

她的心宅狀況很不佳，但依然能處理，協助她打掃，該點燈的點燈、該清理的清理，協助廳堂大放光明。而就在大廳，她遇到了路過的冤親債主，那其實是她不認識的人，只不過因為之前去參加夫家那邊的親戚葬禮，從殯儀館中，有不乾淨的東西跟著她。但其實說對方完全是陌生人也不盡然，冤親債主會進來找她，背後一定有某些故事。他們不會無緣無故進來，一定有緣由或者什麼要交代的。

總之，這些都必須去了解，然後去化解。

最後經過一段歷程的處理，最終也化解了冤親債主，大廳明

亮了。後來這女子的大運也變好了。

　　之後她也懂得該時時供奉自己的神明，伴隨她的元辰宮，變得乾淨清明，她的事業後來也做大了起來。

# Q 86　觀元辰宮能夠消除強烈的自我意識嗎？

個性是天生的嗎？如果一個人個性太強或者個性太鮮明，透過元辰宮也能變動調整嗎？

所謂自我意識很強烈的人，也就是他本身「我執」很重。這樣的人怎樣都聽不進別人意見，他有自己的想法。

既然如此，是否能透過元辰宮，多少改變他的一些想法呢？好比說是否可以讓這樣的人能夠多聽聽別人意見呢？

關於這樣的問題，要分兩個面向來回答：

第一個是我們面對面觀元辰宮的時候：

也就是那個當事人本人來到我面前，他其實是為了他自己能量調整而來，他是在心宅裡面看到自己有我執的現象，所以想要改變。

比如說在書房裡，他可能有很多的書，到處塞滿滿的，並且很多都是陳舊的東西；或者是在他的地板上，可能也到處堆滿零散的東西，這些都必須被清理。

那麼，在整理的過程中，他的內在可能就會鬆動。實際上，這樣的人，真的可以被改變的。

第二是被別人帶來觀元辰宮的時候：

這種情況很常見，例如老婆帶老公來，因為她覺得老公個性太硬，都不聽她的話，她是要幫老公觀元辰宮。

　　但有趣的是，當幫老公觀元辰宮的時候，會察覺他的腦袋為何是如此運作？背後可能有一些保護的機制，所以他會很守舊，會要去保護一些舊的東西，而那不見得是不好的事情。

　　如果硬要改變，還得看這個人的身體能不能夠承受得住？可能需要階段性的調整，如果當事人願意去覺醒，等他願意去收納更多的時候，也就是可以敞開他自己的時候。當時機到來，他就會變得願意去接納更多的新資訊，更願意去傾聽別人的建議等。

　　人跟人之間最主要的就是尊重。

　　有時候，那位老婆認為自己老公個性太硬、太有自我意識，但仔細觀察，是不是她也是一個不太容易聽進別人建議的人呢！

　　很多關係是互相的，當這樣的時候，個人自我反省也是很重要的。

# Q 87 什麼情況會用到無字天書？

無字天書，聽起來很神祕，每個人的心宅都有這樣一本書嗎？什麼情況會用到？

顧名思義，所謂「無字」天書，表示內容是空白的。

這種書到底要怎樣看呢？

其實沒有一定的方式，不是要如同一般人習慣一頁頁翻閱才叫「看」。有的人的無字天書，像是卷軸一樣，或者是古代書寫用的絹布，甚至有的人的無字天書可能是平板，或者可能是手機。

無字天書出現的時候，大部分跟我們當下出現某些「卡點」有關係，就是說我們在這個地方碰到瓶頸了，過不去，需要尋求生命的智慧解答。

元辰宮裡有個特別好玩的地方是，比如說我們在感情議題或健康議題中產生的問題，都會分門別類歸類在不同方位或不同的宮位，要去不同的房間裡面找答案。例如本書前面分享的感情問題，要去臥房找答案，財務問題則是在廚房找答案等。

但無字天書則是放在書房裡，其處理的問題，大部分跟我們累世有關。

我們調整元辰宮，就是去觀我們現在的內在，也是給予我們智慧，解決過去的罣礙。

當面對過去的罣礙，有些地方我們知道該斷捨離的時候，你要選擇怎麼做呢？包括你現在要做什麼？未來打算要做什麼？都跟這有關。

問題出現必須解決，而不是單單沉迷在過去或已發生的事情裡，然後讓自己被卡著無法前進。

我發現有些學員很喜歡讓自己卡住，當看了無字天書後，他喜歡卡在過去。如果是這樣，那麼我們為什麼要活在現代？

觀元辰就是讓我們每個人活在當下，所以如果你透過觀元辰宮裡面的無字天書，卻被卡在過去，那你就會忘記你現在要做的是什麼？

這些問題包含未來的目標，你設定在哪裡？你是希望你的事業更好，還是你希望真命天子會是怎樣？這些都關係著「現在」應該就要好好的設定。

如果自己能量不穩定，那未來也就不穩定。

基本上，無字天書，也就是我們的阿卡西紀錄，那裡頭記錄很多事，包括如果身體有病痛，或者你跟誰之間有些特別的印記，都可以在這邊獲得解決。

# Q 88 觀元辰宮能知道考試的答案嗎？

這聽起來有點作弊的感覺，如果可以預知考試內容，那人人都可以考一百分了。不過，若我們只是想獲得一些考試方向的指引，觀元辰宮有幫助嗎？

如果事先知道考試題目，那是不是能夠考好呢？

在我們的客戶中，也有很多的小夥伴，會問考試相關的問題。

當然我們無法預知考試內容，但經過修練過的，能夠校對無字天書的人，的確可以透視到一些未來。

有些人透過觀無字天書的方式，可以知道論文的大綱、論文的細則，讓他有一些方法方案知道要怎樣去閱讀。

還有一些刑警或法官，想要考司法相關考試，他們也是透過無字天書，可以抓住一些考試策略。

畢竟，若要單獨看六法全書的話，那可是厚厚的磚頭，但若透過無字天書的指引，只將焦點放在可能薄薄的一冊資料，就大大的提升了準備考試的效率。

事實上這也不是什麼特別神奇或令人訝異的事，大家應該多少會碰到這類的事，例如白天算數學算不出答案，夜裡入睡，結果夢裡繼續解題數學題目，第二天再看題目，也就一下子「打

通」原本解不出的關卡。

　　當然，這類情況特別適合做學生的人，許多學員可以透過練習之後，知道自己的考前猜題方向，或者讓原本較弱項的測驗或者論文答辯變得順暢，甚至也包括企業界人士。例如有學員，透過這種方法通過企業稽核測驗，拿到好的晉升資格。

# Q 觀元辰宮能改善情緒嗎？

有些朋友問老師說：「我情緒有些不穩定，那我可以觀元辰宮，來改善我的壞脾氣嗎？」

答案當然是可以的。

透過我們的觀元辰宮、觀心宅，可能原本不知道我們的壞脾氣是來自於朋友、還是來自於員工的問題，又或者是金錢問題，還是你的家庭能量問題等。總之，因為某些因素，導致你的脾氣不好。

在書房裡面，可以透過無字天書，提供你非常好的解決方案。

其實談到「心事」，可以有很多面向，坊間也有很多這方面的書籍，那是因為這是現代人普遍的問題。壞脾氣，只是內心狀況的一種展現，再深入內在可以包含很多層面，例如有人工作上受到委屈，或很多事有苦說不出，長期積累得到「內傷」。這類的事人人都可能碰上，甚至經常碰上。被上司主管或家人朋友指責、批判，更嚴重的是，來自親近家人朋友的打擊，例如碰到家人出意外，或跟伴侶分手，帶來強大失落感⋯⋯這些都屬於情緒領域。

當學員來跟老師說，自己的問題是由於「情緒不穩」，但透

過觀元辰宮可以看見更多問題。通常經過調整之後，一來可以採取有效的行動方案（例如選擇避開不適合自己的職場），二來也能梳理雜亂的思緒，提供內在安定的方向（也就是讓自己知道，自己為何經常感到煩躁）。

通常觀完元辰宮後，客人回去都會變得十分好睡。

也曾有學員，透過觀元辰宮，直接或間接的想讓家人知道自己的狀況，例如有學員每次與父親起矛盾爭執，就會透過調整來讓家人看見自己的委屈與真心，家人之間彼此學習說愛的方式也因此被打開，讓親情能量流通，結果全家人都好開懷。

# Q 90 從元辰宮能看跟孩子前世的淵源嗎？

我想知道，我跟我的孩子到底有幾世的淵源？觀元辰宮，可以做到嗎？

這是可以的，關鍵依然是在無字天書。

我們可以去書房，查閱我們的阿卡西紀錄。這些阿卡西紀錄，有些人可能發展成生命圖書館，圖書館裡有些人可能又發展成叢書。

這時候可以請書房的書僮或其他的管家幫忙去搜索，不僅可以查到孩子的，也可以查到老公的相關淵源，包括身體疾病疼痛是否跟前世今生的印記有關？都是可以搜索出來的。

重點是在這樣的過程裡面，我們一定要好好地藉由專業的引導去協助客人。因為有些人在穿越前世今生時，忘記做防護保護的措施，很可能會針對創傷點，去重複印記、刻畫，這樣就很可惜。

所以一定要讓老師引導你，然後讓你非常放心地知道你前世今生的故事，然後能獲得和你今生所有因緣有關的答案和收穫。

這邊也分享一個案例，有一個孩子因為得了罕見疾病，媽媽為此無法釋懷，當然也會因長期照護，心情感到不快樂。當這

位媽媽來觀元辰宮，要知道當一個人處在能量不穩定的狀態下，是無法在書房穿梭前世印記的，因此我們首要幫她鞏固的是大廳基礎能量的提升，在得到守護神的首肯後再進書房整理。

而這位媽媽在穿梭的過程裡不斷拭淚，因為她看到了各種前世糾葛的廝殺以及共患難與陪伴，在整理累世經驗後她明白了：這世界需要她透過這樣的經驗來完成這方面的學習，雖然過程難免痛苦，但現在當推著孩子一起運動時，總是能見到孩子的微笑，她開始釋懷、開始學習放下，開始找出一些微小而幸福的樂趣、開始融入一些契機。當知道生命誠可貴時，也願意用不同的知覺角度來調適自己，看待這件事情的方式處理也自然不同了。

當下次再約見面，這位媽媽告訴我，有一次無意間她發現自己竟然可以再度哼著歌，漫步在人行道上享受陽光普照。

心情變得快樂起來。

# Q91 預知夢與元辰宮？

有些人似乎可以做預知夢，當這樣的人看到的畫面，就等同觀元辰宮嗎？還是二者是不同的概念？

有些人天生就有預知夢的能力，有些人可能只是模模糊糊的「看見」。當在元辰宮裡，我們就可以去看看這個人是不是真的能看得到？是不是真的擁有這樣的天賦？就是說是否擁有預知的能力？

我們的夢，其實會藉由睡眠給我們靈感，或者是預言一些事，那經過元辰宮的調整，就是修復修繕之後，有些人可以重新拾回這樣子的功能跟技術。

擁有這些技術，就能很簡單的感知未來。

關鍵景點在大廳，大廳掌管大運。在大廳把該整理的地方打掃乾淨後，身體的機能可能會隨之慢慢修復，所以身體與腦袋的連結力，也就是跟老天之間的連結，也會「回來」，可能思慮就能直接通達天界。

具體來說，就是有的人靈感一來，想法刷一下直接進腦袋裡。

另外，當具備這類功能的人，我會推薦他們做一件事情，叫做夢瑜伽。夢瑜伽的功能就是當你在睡夢中，旁邊記得放一個

筆記本，當你突然有靈感的時候，或者是你好像做夢了，想起來的時候，你就可以筆記一下夢境裡的東西。然後隔個幾天你再來看這夢境，你會發現有哪些是對現實世界有所呼應的。

當然，這個前提是需要訓練的，那就是當你的身體有所修復，才有辦法達到那樣子的狀態。所以元辰宮修復得好，你的預知夢的靈感力一定會提高。

我們有很多的學員可以預知自己未來的狀況，比如我們在書房裡面，透過無字天書或生命圖書館可以去做某些預知。

比如有客人在他的事業上，想知道他的一家店面可以賣多少錢？他的廣告 Logo 形象，要用什麼樣的顏色配置比較好？透過無字天書，用預言的方式去看他未來的狀態是什麼，然後做出很好的決策。

感情的議題也是一樣，比如說有些人在主臥房裡面，想要穿越未來，想知道她的未來到底是要嫁給 A 好還是 B 好，像這類的問題，我們在元辰宮的主臥房也能替你辦到。

# Q<sup>92</sup> 如果因為壓力導致免疫力下降，該如何靠元辰宮處理？

世間煩惱很多啊！明天要交報告給客戶、男友最近對我不滿，我倆經常吵架、想買房子但一直存不到頭期款……許多的壓力帶來免疫力下降。請問老師，這種身體狀況可以透過元辰宮調整嗎？

壓力的確跟身體健康息息相關，小一點的狀況，例如趕報告連續幾晚熬夜，會有口腔發炎嘴潰瘍症狀；大一點的狀況，就會容易感冒或是引發紅斑性狼瘡的症狀，甚至長期壓力下，會導致更嚴重的疾病，這些都跟壓力帶來的免疫力下降有關。

壓力人人都有，有時候與我們心胸格局有關，同樣的事可能某人碰到就呼天愴地的覺得自己承受不了，有人卻可以堅毅的承受更嚴重的事件。說起「格局」，其實跟我們密切相關的格局，除了住家格局外，更重要的當然是元辰宮的格局。

實際第一線案例，我們可以看到那些心胸比較開闊的人，他的元辰宮，可能大廳裡天花板特別高，整個空間感遼闊，視覺可以拉大，這樣的人內心比較「敞開」，也比較不會鬱卒。

相反的，就是元辰宮格局比較壓縮，像是進到封閉空間般的有壓迫感。元辰宮的空間可以調整，並且也會受到外界影響，

例如長年在第一線服務傷病患者的醫護或心理諮商人員，每天處在負能量裡，有時候服務完別人，自己來看元辰宮，會發現屋子空間變窄了，必須要去調整。

此外，元辰宮除了壓力同時也跟健康相關的，就是我們花園裡的生命樹，一般壓力大的人，如果心肺功能不佳，可能進到元辰宮看到生命樹是歪的。生命樹跟造血有關，也對應人們的脊髓，因為脊髓是造血的器官，同時也會影響免疫系統，如果一個人經常手腳冰冷，這都跟氣血有關，在元辰宮裡就需調整生命樹。

除了前面說的大廳高度、生命樹外，元辰宮裡另一個跟免疫力有關的地方，就是廚房，這也直接對應到我們的肺。如果身體出狀況時會發燒，體內會發炎，一般中醫都習慣採取「水洩法」治療，因為肺在五行屬金，醫書有云「金遇水則相洩」。但我們觀元辰宮，處理的方法是借用火的元素，因為火剋金，而火就在廚房，也代表著生命力。

我們可以看到許多人的元辰宮廚房一進去，都是冷灶，因此缺火，人也比較虛，面對疫病較無抵抗力。

總之，面對因壓力而招致的免疫力下降，身體健康亮紅燈狀況，以觀元辰宮的處置方式，大廳格局、花園生命樹、廚房熱灶，會是三個調整的切入點。

其他個人化的細節就必須為客戶整體綜觀法來調整。

# Q<sup>93</sup> 觀元辰宮能協助思覺失調或憂鬱症朋友嗎？

　　說起來憂鬱症似乎也是現代人的文明病之一，有太多煩惱的事了。另外，生活中也難免會碰到各種打擊，有時候面臨的打擊太大，例如親人重病、感情仳離之類的，會讓人消沉沮喪、自暴自棄。若家人或身邊有這類朋友，如何透過觀元辰宮來協助他們呢？

　　在我們的臨床個案上，思覺失調或者有憂鬱症狀的朋友也不少，許多時候，一時的沮喪失意，還可以靠自我振作逐漸回復。但有些時候症狀很嚴重，根本就想與世隔絕，通常這類的案例，會是家人朋友「押」著他來的，否則他完全不想出門，甚至心如死灰，連動都懶得動。

　　通常這類朋友的元辰宮，房間裡會是黑黑灰灰暗暗的，或者色調偏冷色調，以西方的術語來說，非常的 Blue。包括房間內擺設，整體風格，就是讓人很 Blue。憂愁與惆悵感的特性對於創作來說可能是天賦，然而一旦失控就很難說了。

　　如果單以色彩學來切入，那麼只要逐步調整這樣的房間，將冷色調調整到暖色調，觀者的心境也會相對應的變得比較明亮開朗。當然，這樣的調整不是一蹴可幾，房間的布局擺設動線

都是要考量的。

　　另外，我們會發現很多憂鬱症朋友，他元辰宮裡的書房是位在地下室，也就是非常的「不見天日」，這部分當然我們必須逐步把書房拉回地面，讓陽光可以從窗戶照進去，這也是大工程，但是可以慢慢調整到位的。

　　再者就是花園了，心境幽暗的人，房間暗，戶外的花草也枯萎凋謝，就得整理，用綠色植物花花草草豐富心靈的園地。

　　透過家人的協助，引領憂鬱患者找到生命中的陽光。

# Q 94 對於罹癌的朋友，有什麼觀元辰宮的建議？

世事難料，都說棺材是留給死人而非留給老人。不分男女老少，經常帶來意外打擊噩耗的疾病就是癌症，都說癌症是絕症，那麼透過觀元辰宮，可以給罹癌的人怎樣的協助呢？

觀元辰宮不屬於醫學領域的範疇，我們也不會談如何透過觀元辰宮「治療」癌症這類的內容。但的確有很多學員，不管是自身罹癌或其他身體病症，在透過觀元辰宮來「提升自己」能量後身體狀況變好，或者協助家人，包括一些原本很糟的狀況消失了，這類案例真的很多。

其實任何的病症，很少是完全沒來由地發生。以癌症為例，通常是身體先過冷，然後積水，久了產生腫瘤，再不處理就轉為惡性腫瘤。那過程其實是漸進式的，如果當事人可以加強自己的體內照護，依然可以靠自體來改善健康。

若說體質冷比較容易罹病，那麼，如何讓身體暖就很重要，身體如何暖？靠的就是氣血循環佳，當氣血流通也會清掉體內的瘀血。關於氣血，當我們進入元辰宮，最直接對應的就是生命樹，如果可以針對生命樹的狀況，例如癌症患者的生命樹可能是歪曲的，有腫瘤般凸起，可以想見，當生命樹被調整了，

人體本身也會不一樣。

　　我們很多案例，都是透過自我調整生命樹，還有其他各別相呼應點的調整，讓身體狀況變佳，包含針對自己家人調整，也都是可以做到的。

# Q95 觀元辰宮能幫助次人格症狀嗎？

有的朋友因為受到重大打擊而精神分裂，或有的小孩在成長過程中有自閉症或亞斯伯格症，讓照顧的家長很痛苦。關於這類有著次人格症狀的朋友，透過觀元辰宮能帶來什麼幫助？

我們長年來幫助過數千個案，當然也包括各類症狀，例如次人格症狀，也就是精神上有狀況的人。

人格的分裂經常源自於重大的打擊，也就是因為內心有了「創傷」，嚴重到讓一個人精神分裂。而心靈創傷是什麼呢？這並非身體上的傷，無法透過生理醫學方式看到，而必須透過心靈層面，藉由元辰宮，我們可以在一個地方找到相關解答，那就是鏡子。不同地方的鏡子反映不同議題上的關係。我們的內在世界裡，大腦的鏡像神經元與迴路替我們造就了很多腦補隱喻，這都是我們要面對處理的。職場創傷、醫療創傷、情感創傷……我們分各種處理機制與程序，安全防護肯定要做好，我們協助合一與和氣。

舉例：通常在我們的元辰宮臥室裡，會有鏡子，例如床旁邊可能有梳妝鏡，這面鏡子就跟我們有密切關係，有人可以透過鏡子看到情感相關的前世因果。然而處理不當，就會遺留在內

在形成次人格特質，影響這一世的行為與能量干擾。至於跟次人格者相關的，就是可以透過鏡子看到自己的創傷相關影響，例如創傷是和某個親人的心結，那鏡中可能就會出現那個親人。

而觀元辰宮的處理方式，就是要透過與那個人對話。所以，悲傷處理、創傷處理等晤談技術就十分重要。我經常使用的方式是擺盪與知覺角度置換，在內在的場景下做英雄之旅的表現模式或者重塑資源的提醒，這些都是非常重要的支持。

當然，次人格者有多種案例，不同的案例有不同的處理方式，不可一概而論，但基本上，都是要透過家人耐心的引導，讓他願意與元辰宮的內在鏡子對話，這裡可以做隱密處理法，來訪者也不需擔心洩密，因為只有當事人看得到，若他不願意說，那可以用事件代稱來和內心的自己溝通，我們則一旁陪伴，一樣可以協助逐步處理內心創傷。

此外，經常會在大廳的神桌下看到鍾馗。我們都知道，鍾馗是「抓鬼」的，在這類案例中，鍾馗所抓的鬼，就是抓內心的焦慮創傷。就是因為這些才導致這個人精神分裂，而分裂的情況可能也表現在燈光上，例如有人的元神燈分裂成好幾盞，這些都必須一一收回，合併為一盞元神大燈。

關於分裂的症狀，依舊是視個案而定。例如有些特殊案例，他們廚房裡的米缸，不是傳統的一個陶甕，竟然是一個藥櫃，也就是有一格一格的那種藥櫃。他的內心「分裂」為不同人格特質，被塵封在不同抽屜，所以整個人精神狀況分裂，這種情

況，就是得設法將塵封的人格取出，回歸心神合一的狀態。

在花園裡也有不同分裂的對應，甚至在體驗會上也經常有來訪者詢問，為什麼我的元辰宮場景好像時空分裂那般，或者像被閃電劈開，分成不同的世界，一半古代一半現代、或是一半西洋一半中式等各種分裂。在現場礙於體驗會人多，我只會講一個特色「你有學習心理學方面的天賦」。這是為什麼呢？因為這種情況代表他分裂的內在已經足夠讓他生活分裂了，肯定會積極尋求處理自身平穩的方式，進而去學習心理方面的相關學習。

總之，都是必須配合個案狀況處理。

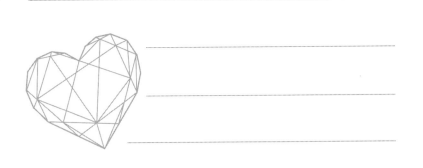

# Q<sup>96</sup> 新冠肺炎疫情，可否透過觀元辰宮解析？

2020 年新冠肺炎的蔓延，造成巨大的轉變，不但打亂了全世界的經濟，甚至已經導致許多人喪生。透過觀元辰宮是否可以事先知道疫情的出現？對於疫情帶來的影響，若透過觀元辰宮可以帶來什麼幫助？

其實觀元辰宮主要是了解自己，透過整理自己心宅來改善自身狀況，適應環境是生存的本能，觀元辰宮的進階應用是翻天書看水晶球，但如果與本身沒有直接關係，舉凡相關預言都會失準，更何況是預知世界局勢。

但的確，我因為自身的工作關係，曾經在 2020 年新冠疫情爆發前，感受到某些徵兆。記得 2019 年 10 月時，我人正好在中國武漢，當時我的課堂上，就正好很多學生提問的問題都跟肺有關，我那時也在課堂上提出警訊，請大家將來要注意跟肺部有關的訊息。每個班級的培訓議題都會有每一班的側重點集體意識。也在同一個月，有教學單位邀請我 2020 年 3 月去他們那邊開課，通常我都樂於去上課，但那一回我感應到眼前有個黑影，我誠實地跟邀請單位說：「雖然是明年的事，但我發現有個黑影子擋在面前，而我目前也不知道是什麼事，抱歉三月那

時無法飛去開課。」

　　結果就如同大家所知悉的，2020 年春節左右新冠疫情就爆發了，到處都封城及管制，更何況是當時災情最嚴重的武漢。疫情發生後，我陸續接到學員的報告與回饋，當時許多課堂間的對話都應驗了。

　　不幸的是，那年我所教授的班級裡，就真的有學員是疫情的災民，有的自身染疫，也有家人發病的。他們透過社群發言，表達心中的恐慌無助。包括疫情緊張時，連醫院床位都沒有，很多人還必須和家人分離，感受極度的焦慮。

　　觀元辰宮本身不是醫療行為，但一個人若能真正透過內觀調整自己，讓自己身心靈處在最佳狀況，疫病就會遠離。我也透過社群連結，線上指導學生如何透過觀元辰宮做調整，例如有位學生職業是瑜伽老師，她當時因為家人住院，必須在自己的教室隔離做自主管理。那段不能出門的日子，每當她恐慌時，我就提醒她，別忘了老師曾教導的三大信念，引導她知道疫情這件事，但同時也知曉疫病跟她不會有關係，「說嗨技巧」讓她體驗自己身體處於非常健康的狀態。

　　透過內觀以及瑜伽，她逐漸平靜，在配合我的指導下一步步調解肺部功能後，她每天大量排汗，代謝也正常，免疫力逐漸加強，最終隔離期滿，去量測體溫及身體狀況都沒問題，可以正常作息。她後來也透過幫家人觀元辰宮，協助本來有發燒症狀的家人，後來狀況回復平穩出院。

這裡也要再次強調，我們只是協作者，真正執行的是來訪者案主本身，尊重自身的靈魂意願，但必須提醒大家，自己的身體是可以透過自我管控，處在良好狀態的。所謂的自然療法，道法自然的回歸到宇宙規律，也能追求健康。

當我們進入元辰宮時，若處在幽暗的環境，代表著身體狀況不佳。因此我們要逐步調整，包括拉高屋簷屋頂，讓空間更寬廣；點亮元辰燈和光明燈，讓室內更明亮；還有打掃心宅維持乾淨環境，心宅被打理好了，人的身體相對的也會變好。

此外，面對疫病等外界病菌侵擾，最重要的還是抵抗力要夠，在元辰宮裡，可能神明或管家也會為我們端來湯藥補品，像是高蛋白的營養品或者雞湯、魚湯等，隱喻喝下後讓靈體更康健。

其他跟生命狀態有關的，例如生命樹，當然也要特別注意，若樹幹是彎的，會影響造血功能，要設法調整生命樹變回高壯筆直。

# Q97 過動兒或自閉兒的家長，可以透過元辰宮做到協助嗎？

母職本就是辛苦的，特別是若生養的小孩有特殊狀況，媽媽的那種辛勞更是非當事人難以了解。我有好朋友是過動兒或者自閉兒的家長，若想透過觀元辰宮得到協助，老師有什麼建議？

不論過動或自閉，其實都跟孩子的「律動」有關，只要抓到那個節拍，是可以跟他「對頻」的，例如帶過動兒孩子，他可能比較沒安全感，這樣的孩子若抱在腿上，你跟著他的律動節拍，輕輕搖擺，搖晃時會明顯感受到他逐漸放鬆。每個過動兒的頻率都不同，有人喜歡盪鞦韆，有人就是滿室鑽，你得耐心地跟著他跑，例如他若鑽到桌子底下，你也跟著彎腰探到桌子下，即便處在觀元辰宮的狀況裡也是如此。

我曾引導過動兒孩子，他在觀元辰宮的情境下，依然過動，但我邊陪著他邊指引他，引導孩子說出他的元辰宮景象，通常這種孩子的牆壁會有很多破洞，我就引導他慢慢的分階段，把牆壁補起來。心宅破損減少，牆壁更穩健，孩子後來就比較平靜。另外，過動兒的狀況，可能還包括房間凌亂，房間裡的椅子都是那種有滾輪的，這些椅子也可以透過調整元辰宮，逐一汰換成較穩重的椅子。

至於自閉兒與唐氏症的情況，我常藉由繪畫方式，鼓勵孩子把他的元辰宮畫出來，他可以畫出花園，讓我看到那裡可能有枯萎凋零的殘破景象，於是我就透過導引，協助他在元辰宮裡找管家和園丁，一起將花園妝點豐盛，也協助他走出來。觀元辰宮調心宅的過程與藝術治療的搭配也是很完美的結合。

　　其實就算是大人，也會有過動，也就是毛毛躁躁、經常焦慮急性子，或者自閉，也就是孤僻沉浸在自我世界不愛與人溝通的毛病，這些也都可以透過元辰宮調整，讓他處於更好的狀況。

# Q 家人或朋友遭受心靈創傷，
可以如何協助？

　　身邊的家人朋友，可能因為感情上被背叛，或者碰到重大意外打擊，例如自身是重大災難的受災戶等，這類事故會帶來很大的打擊，有的人性格丕變，變得自我封閉，不與人講話。身為朋友可以怎樣幫他呢？

　　在我輔導的案例中，有很多都是跟創傷有關。特別是跟生老病死相關的，像是每個人一生中都難免遇到的親人離世、或最好的朋友離開等等，其中也包括自己最疼愛的寵物往生等事。許多當事人會因為無法接受，而陷入嚴重的憂鬱，有的尚可以自我調適，大部分情況，還是需要家人帶來透過觀元辰宮處理問題。

　　如同人體，受傷會有傷口，當我們因為情變或遭逢事故而受傷，心靈也會有傷口，我們進入元辰宮，就是要去找到創傷點。那些情況可能表現在各個層面，包括整個室內顏色是深色或較灰暗的感覺，有的則是書房位在地下室，身為導師，我們要協助當事人重新找回明亮光明。

　　一般受創者，依照心靈學的定義，多數會經歷五個階段，例如悲傷五階段或是創傷五階段等，我們這裡不談高深的心理學

理論，但將焦點放在最初的兩個階段，一個是吶喊期階段，一個是否定初期麻木階段。

當遭遇到事情，好比說家人往生，那麼當事者是處在傷痛的第一階段。老師的建議是，這一階段不適合觀元辰宮，在此時，當事人情緒跌到谷底，需要吶喊或者哭泣等情緒的引導宣洩，會希望大家不要來煩他，想要有個不要打擾我、Leave me alone 的時刻，這期間大約就是 49 天。專心處理當下生活，可能是處理治喪或者告別儀式等，過了這第一階段，有人會逐漸回到正常生活，走出傷痛，但有人傷痛太重，進入到創傷第二階段，這時候就要來觀元辰宮。

處在創傷第二階段，惆悵感會出現，過分融入的人還會搜集各類藥品尋求自殺。為了表示心死，各種行為退化，或是選擇性失憶，因為解離會使人好過一些。接下來整個人會變得比較麻木，藉由不同的事來麻痺自己，例如有人變成工作狂、有人整天打電動……無論如何，這些狀況都必須調整，那些工作狂往往做著做著越做越空虛，覺得再也找不到存在的意義，然後就會遞出辭呈，因為再也無法工作了。有些會打破現有的幸福，只為了成就那個不完美。

進到這些人的元辰宮，會發現他們的大廳牆壁可能已經龜裂，窗戶也都關起來，整個屋宇黯淡無光。經常想要引導當事人開窗，他們也會說「不行！窗戶無法打開」或者甚至說出「窗戶已經被鎖起來了」的話。

面對這類情況，我絕對不會強求，調整必須慢慢來，所謂道法自然，這方法不行，我們改其他方法。最常用的方法，房子太暗，那就多點些燈，先讓心宅有光線，再逐步開導當事人，設法去開窗。

　　可能處理完大廳，接著去看花園，也是協助做景觀改變。

　　因應創傷不同，表現狀態也不同，例如曾有個遭受性暴力的受害者，陷入嚴重的低潮已達精神分裂，她一方面害怕回憶當時的情境，一方面又非常自責，「是我做錯什麼了嗎？」

　　原本溫柔的女孩，可能進入元辰宮後，發現她變得暴戾，她會指責自己的管家，甚至發生有鞭打管家的情況，因為她把管家投射成那個侵害她的人，也就是她從現實生活中的受暴者，變成內心裡的施暴者，而她施暴的對象，就是她自己的心靈。

　　這樣的案例也是需要慢慢調整，無法強求。以該案例來看，我協助她調整管家，她原本的管家是一個閹人，她認知上認為這樣就不用擔心他侵犯她。後來又逐步轉換，將管家調換為一個婆婆，那就更安全了。類此步驟，讓她內心逐漸感到放心，但過程不能太急躁，以漸進式的方式回復平靜，逐步回到生活正軌，活出自己想要的樣子。

# Q<sup>99</sup> 家人相處發生難以彌補的遺憾時，該怎麼辦？

這裡指的遺憾，除了家庭、家運之外，其實就是夫妻兩人因為理念不合等因素，最終必須走到離婚一途，但小孩何其無辜，必須面對這樣的傷痛。關於這方面的事情，若透過觀元辰宮有什麼建議？

家家有本難念的經，這類的事，重點還是當事人自己要懂得與家人相處之道。觀元辰宮最佳的時刻，是「事情發生前」，也就是在事情尚未那麼嚴重，還能挽回前，可能當時夫妻已有心結，或家人相處常有抱怨時，那時就可以來觀元辰宮。

例如我有學員，生意做很大，他把時間都花在商場，相對地對家人就少了陪伴，並且他的情況是比較嚴重的，因為小孩子已經感受到他缺乏爸爸的愛。當然，不只是男性如此，也有很多情況媽媽是職場婦女，長年無法好好陪伴孩子。

不只是孩子的問題，也可能是其他的生活困頓，這都是人生課題，需要處世的智慧，任何跟智慧有關的，在元辰宮的書房裡都可以找到答案，也就是可以在書房上找到屬於自己的無字天書，透過翻閱找尋這本書，就可以找到自我人生指引，包括如何與小孩相處，或者與另一半的磨合該如何化解？

當然，若事情都已走到無法挽回的地步，例如都已經在打離婚官司了，這時候硬要挽回也太牽強了。我們可以協助好聚好散，或者加速推動，以現實層面來說，好比希望離婚官司把小孩判給自己撫養。那麼，要考慮到什麼呢？一般法官判決，通常是依據夫妻個別的經濟狀況，或誰比較能陪伴孩子為主考量。另外，關於離婚，還有一個議題是贍養費。不論是哪種情況，跟金錢有關的，在觀元辰宮時，會需要考慮到廚房的狀況，因為廚房主管財庫。

　　詳細的處理方式，依個案不同，會有不同考量。有相關問題的朋友，再依個案來處理。

# Q 聽說有人可以輕而易舉地辟穀不食，他是怎樣做到？

乍聽之下辟穀不食（不吃五穀）似乎跟觀元辰宮無關？但還是想請教老師，若以觀元辰宮的角度來看這個問題，該怎麼回答？

只要跟「人」有關的事，當然就跟觀元辰宮有關，因為心宅對應著一個人的所有狀況。

提起節食瘦身或者像是本題講到的辟穀，最終目標都是追求養生。因應現代社會文明病那麼多，的確一個懂得養生的人會比較容易長壽。但坊間老師教導的許多養生技巧，不一定人人適用，例如最近流行的 168 節食瘦身法，就是有人有效、有人成效不彰。

這裡僅以觀元辰宮的角度來談辟穀，實際案例，我有一個教養生的老師，她的班上有四十多個學員，我們觀念中，以為辟穀或者節食，人會變得越來越瘦，但以我這個老師的案例，她的學生中，有幾個本來是過瘦，伴隨著身體有某種病症，結果等到辟穀出關後，人反倒變胖了。不過重點其實不在胖瘦，而在於是否健康？

觀元辰宮的一個重點，就是可以用「精神食糧」取代「真實

食糧」，實際生活中，很多人為何會胖？是因為生活中的焦慮，許多人一焦慮就暴飲暴食，以此角度來看，若我們從心靈層面著手，好比說在心宅的飯桌上，我們就已經得到滿足，那在現實中就不需要外在過多的食物。例如在心宅裡，把愛吃的炸雞烤肉都端出來大快朵頤，吃飽了，回歸現實生活，就不會那麼飢餓。

實務上，透過元辰宮的調整來處理每個人的營養健身狀況，依然是視個案而定，有人飲食偏向混搭，有人偏冷有人偏熱，或者有人適合白天消化等等，各種狀況不可一概而論，都還是需要個案調整。

基本上，就算是觀元辰宮，也可以結合辟穀的，我們也有實際學員擁有實踐精神自身實驗有效。

# 心宅療癒觀元辰

絲雨老師教你微調心宅，讓幸運由心生，以自身力量翻轉人生困境

作　　者／鍾絲雨
總 策 劃／幸運女神事務所

責任編輯／林欣儀
美術編輯／劉曜徵

總 編 輯／賈俊國
副總編輯／蘇士尹
行銷企畫／張莉滎 · 廖可筠 · 蕭羽猜

發 行 人／何飛鵬
法律顧問／元禾法律事務所王子文律師
出　　版／布克文化出版事業部
　　　　　臺北市中山區民生東路二段 141 號 8 樓
　　　　　電話：(02)2500-7008 傳真：(02)2502-7676
　　　　　Email：sbooker.service@cite.com.tw
發　　行／英屬蓋曼群島商家庭傳媒股份有限公司城邦分公司
　　　　　臺北市中山區民生東路二段 141 號 2 樓
　　　　　書虫客服服務專線：(02)2500-7718；2500-7719
　　　　　24 小時傳真專線：(02)2500-1990；2500-1991
　　　　　劃撥帳號：19863813；戶名：書虫股份有限公司
　　　　　讀者服務信箱：service@readingclub.com.tw
香港發行所／城邦（香港）出版集團有限公司
　　　　　香港灣仔駱克道 193 號東超商業中心 1 樓
　　　　　電話：+852-2508-6231　　傳真：+852-2578-9337
　　　　　Email：hkcite@biznetvigator.com
馬新發行所／城邦（馬新）出版集團 Cité (M) Sdn. Bhd.
　　　　　41, Jalan Radin Anum, Bandar Baru Sri Petaling,
　　　　　57000 Kuala Lumpur, Malaysia
　　　　　電話：+603- 9057-8822　　傳真：+603- 9057-6622
　　　　　Email：cite@cite.com.my
印　　刷／韋懋實業有限公司
初　　版／2021 年（民 110）8 月
售　　價／380 元
ISBN　978-986-0796-00-1
EISBN　978-986-079-604-9 （EPUB）

心宅療癒觀元辰：絲雨老師教你微調心
宅，讓幸運由心生，以自身力量翻轉人
生困境 / 鍾絲雨作 . -- 初版 . -- 臺北市：
布克文化出版事業部出版：英屬蓋曼群
島商家庭傳媒股份有限公司城邦分公司
發行, 民 110.08

　　冊； 公分

ISBN 978-986-0796-00-1 （平裝）

1. 靈修

192　　　　　　　　　110008953

城邦讀書花園
www.cite.com.tw　　布克文化